PEGGY PORSCHEN

PARTY CAKES

PEGGY PORSCHEN

PARTY CAKES

Torten, Cupcakes, Cookies – originelle Ideen für jeden Anlass

Edition
Fackelträger

Ich widme dieses Buch meinen Eltern, Iris und Helmut, aus Dank für ihre Unterstützung und Ermutigung zu jeder Zeit bei allem was ich tun wollte.

Herausgeberin: Jane O'Shea
Creative Director: Helen Lewis
Redaktion: Lewis Esson
Design: Chalkley Calderwood Pratt
Fotografie: © Georgia Glynn Smith
Text: © Peggy Porschen
Artwork, Design and Layout © Quadrille Publishing Ltd

© der englischen Originalausgabe
Quadrille Publishing Ltd
Alhambra House
27–31 Charing Cross Road
London WC2H 0LS
www.quadrille.co.uk

Übersetzung aus dem Englischen: Gesine Osthold, Schwalmtal
Satz: Achim Münster, Köln

Printed in China

ISBN: 978-3-7716-4529-8
www.fackeltraeger-verlag.de

Inhalt

Basics

Grundausstattung

Hier habe ich dargestellt, welche Arbeitsmaterialien ich für die Herstellung und Dekoration der Kekse und Kuchen in diesem Buch für unverzichtbar halte. Auf keinen Fall müssen Sie alle aufgeführten Arbeitsmaterialien sofort anschaffen. Oft können Sie mit sehr einfachen Hilfsmitteln aus Ihrer Küche improvisieren. Hierzu zählen z. B. ein Palettenmesser, etwas Backpapier zur Herstellung von Spritzbeuteln, einige einfache Tüllen und ein Rollstab. Nach und nach können Sie Ihre Backausstattung ergänzen, indem Sie die Artikel erstehen, die gerade für ein raffiniertes Rezept benötigt werden.

1 Küchenmaschine mit Metallschüssel und Rühraufsatz
2–5 Künstlerpinsel (vorzugsweise mindestens 2)
6 großer Rollstab
7 Schaumpolster (s. S. 142)
8 Modellierstab (s. S. 142)
9 Sortiment Rundausstecher
10 Keksausstecher in verschiedenen Formen
11 Pralinengabel
12 Kuchenpappen in verschiedenen Formen und Größen
13 Auswahl an Lebensmittelfarben
14 Papierförmchen
15 Veiner (Präger mit Blattstruktur, s. S. 142)
16 Seitenschaber aus Metall
17 Blumennagel (s. S. 142)
18 Sortiment Spritztüllen aus Metall
19 essbarer Glitzer in verschiedenen Farben
20 Margeritenausschneider (s. S. 142)
21 kleines Plastikbrett
22 großes gezacktes Messer
23–24 kleines, mittleres und großes Palettenmesser
25 Lolliestiele
26 kleiner Rollstab

- Satz Backbleche
- mehrere Schüsseln
- Kuchengitter
- Backformen für große Kuchen
- Muffinblech
- großes abgewinkeltes Palettenmesser (s. S. 142)
- Backpapier
- Cellophanpapier
- Pappe
- Bleistifte
- Schere
- kleine Nadel
- Drehteller (optional aber nützlich)
- Backpinsel
- Kuchenglätter
- Blütenkelchausstecher, Rose (s. S. 142)
- Blattausstecher, Rose (s. S. 142)
- Führungsschienen (5 mm)
- Tortendübel aus Plastik
- essbare Glanzpuder in verschiedenen Farben

Grundrezepte für Kekse

Die von mir entwickelten Rezepte ergeben Kekse und Biskuit, die nicht nur gut schmecken und eine gute Textur haben, sondern auch leicht aber fest genug sind, um brauchbare Grundlagen für die Dekoration abzugeben. Backen Sie immer nur Kekse, die in Stärke und Umfang gleich sind, damit alle dieselbe Backzeit haben.

ZUCKERKEKSE

FÜR CA. 25 MITTELGROSSE KEKSE

200 g weiche Butter

200 g Zucker

1 Ei

400 g Mehl, plus etwas für die Arbeitsfläche

AROMEN, JE NACH GESCHMACK

für Vanillekekse das Mark einer Vanilleschote hinzufügen

für Zitronenkekse die fein geriebene Schale einer unbehandelten Zitrone hinzufügen

für Orangenkekse die fein geriebene Schale einer unbehandelten Orange hinzufügen

für Schokoladenkekse 50 g des Mehls durch 50 g Kakaopulver ersetzen

ARBEITSMATERIAL

- **Küchenmaschine oder elektrisches Handrührgerät mit Rühraufsatz**
- **Plastikfolie**
- **Führungsschienen (5 mm)**
- **großer Rollstab**
- **verschiedene Keksausstecher**
- **kleines Palettenmesser**
- **Backblech**
- **Backpapier**
- **Kuchengitter**

1 In der Küchenmaschine die Butter mit dem Zucker und dem Aroma verrühren, bis sich gerade eine cremige Textur ergibt. Nicht überkneten, da sich andernfalls die Kekse beim Backen ausdehnen.

2 Das Ei schlagen, Mehl hinzufügen und auf niedriger Stufe kneten (1). Teig zu einer Kugel formen, in Plastikfolie einwickeln und 1 Stunde lang kühlen.

3 Teig auf einer bemehlten Oberfläche mithilfe der Führungsschienen gleichmäßig dick ausrollen (2).

4 Formen ausstechen (3) und mit dem Palettenmesser auf ein mit Backpapier ausgelegtes Backblech legen. 30 Minuten lang kühlen. Backofen auf 180 °C vorheizen.

5 Die Kekse 8–12 Minuten backen, bis sie an den Rändern goldbraun werden. Auf einem Kuchengitter auskühlen lassen.

1

2

3

LEBKUCHEN

FÜR CA. 30 MITTELGROSSE KEKSE

200 g Butter, gewürfelt

1 TL Backsoda

450 g Mehl, plus etwas für die Arbeitsfläche

Für die Mischung:

180 g brauner Zucker

6 EL klarer Honig

2 EL Orangensaft

2 EL gemahlener Zimt

2 EL gemahlener Ingwer

1 TL Piment

Mark einer Vanilleschote

1 Prise Salz

ARBEITSMATERIAL

- **tiefer, schwerer Topf**
- **Holzlöffel**
- **Küchenmaschine oder elektrisches Handrührgerät mit Rühraufsatz**
- **Sieb**
- **Frischhaltefolie**
- **großer Rollstab**
- **Führungsschienen (5 mm)**
- **1 Satz Keksausstecher**
- **kleines Palettenmesser**
- **Backblech**
- **Backpapier**
- **Kuchengitter**

1 Alle Zutaten für die Mischung in einen Topf geben und unter Rühren zum Kochen bringen (1).

2 Topf vom Herd ziehen und vorsichtig die Butter einrühren (2).

3 Sind die Zutaten gut vermengt, das Backsoda hinzufügen und die Mischung kurz durchschlagen.

4 In eine Schüssel geben und so lange abkühlen lassen, bis die Mischung gerade eben noch warm ist.

5 Das Mehl darüber sieben und auf niedriger Stufe unter Verwendung des Rühraufsatzes zu einem Teig rühren (3).

6 Den Teig in Frischhaltefolie wickeln und einige Stunden kaltstellen.

7 Den Teig auf eine saubere, mit Mehl bestäubte Oberfläche legen und kurz kneten. Dann zwischen den Führungsschienen auf ebenmäßige Stärke ausrollen.

8 Formen ausstechen und diese unter Verwendung eines Palettenmessers auf ein mit Backpapier ausgelegtes Backblech legen.

9 Weitere 30 Minuten lang kalt stellen. Backofen auf 200 °C vorheizen.

10 Kekse im vorgeheizten Ofen ca. 10–12 Minuten backen, bis sie sich fest anfühlen.

11 Vom Backblech nehmen und auf einem Kuchengitter auskühlen lassen. In Alu- oder Frischhaltefolie gewickelt, halten sich die Kekse an einem kühlen und trockenen Ort bis zu einen Monat lang.

Backen des Biskuitkuchens

Für das Grundrezept des Biskuitteigs sollten Sie nur die besten Zutaten verwenden – Butter, Mehl, Eier und Zucker sowie Aromen – selbst wenn sie etwas teurer sind. Ich persönlich bin eine große Anhängerin von Bioprodukten und Eiern aus Freilandhaltung.

VIKTORIA-BISKUITTEIG

FÜR EIN BLECH (30 X 40 CM)
bzw. ZWEI BACKFORMEN (20 CM)
bzw. CA. 50 CUPCAKES

400 g gesalzene Butter, weich

400 g Zucker

8 zimmerwarme Eier der Größe M

400 g Mehl, mit 15 g Backpulver gemischt

etwas Pflanzenöl

AROMENAUSWAHL

für Vanilleteig: Mark von 2 Vanilleschoten

für Zitronenteig: die fein geriebene Schale von 4 unbehandelten Zitronen

für Orangenteig: die fein geriebene Schale von 4 unbehandelten Orangen

für Schokoladenteig: 100 g des Mehls durch 100 g Kakaopulver ersetzen und 100 g geschmolzene, dunkle, belgische Schokolade unter die Butter-Zucker-Mischung geben

ARBEITSMATERIAL

- Küchenmaschine oder elektrisches Handrührgerät mit Rühraufsatz
- Schüssel
- Backformen für große Kuchen
- Backblech für Fondant-Törtchen
- Muffinblech und Papierförmchen für Cupcakes
- Backpapier
- großes Palettenmesser, kleiner Löffel oder
- großer Papierspritzbeutel (s. S. 25)
- Kuchengitter

(Backofen auf 200 °C vorheizen. Butter, Zucker und gewähltes Aroma in die Schüssel eines elektrischen Rührgeräts geben und mit dem Rühraufsatz zu einer blassen und luftigen Creme rühren.

2 In einer zweiten Schüssel die Eier leicht schlagen und langsam mit dem Rühraufsatz auf mittlerer Stufe zu der Mischung geben. Fängt die Mischung an zu stocken, etwas Mehl hinzufügen.

3 Sobald sich die Eier und die Buttermischung verbunden haben, auf niedriger Stufe etwas Mehl hinzufügen.

4 Für die Fondant-Törtchen oder große Kuchen ein Backblech oder eine Backform mit etwas Pflanzenöl einfetten. Ein Stück Backpapier in den Maßen der Innenseite des Blechs oder der Backform so ausschneiden, dass es etwas über die Seiten ragt (1) für den Fall, dass der Biskuitteig über den Rand hinaussteigt. Die vier Ecken einschneiden, damit das Papier sauber in die Form passt (2). Die Mischung unter Verwendung eines Palettenmessers gleichmäßig in das Blech oder die Form füllen (4).

5 Für Cupcakes die Papierförmchen in das Muffinblech stecken und zur Hälfte mit der Kuchenmischung füllen.

6 Ein großes Blech oder eine Backform ca. 25 Minuten lang, Cupcakes nur 12–15 Minuten lang backen. Den Biskuit durch Einstechen eines dünnen Messers prüfen: das Messer sollte, sofern der Teig durchgebacken ist, sauber herauskommen.

7 Biskuit vom Blech nehmen und auf einem Kuchengitter abkühlen lassen. In Frischhaltefolie verpackt hält es an einem kühlen, trockenen Ort 1 Tag lang. Soll es länger halten, in Frischhaltefolie wickeln und im Kühlschrank 1 Woche lang aufbewahren bzw. einfrieren.

MEIN LIEBLINGSKUCHEN UND FÜLLKOMBINATIONEN

Meine Kuchenrezepte sind sehr einfach in der Herstellung, aber es ist wichtig, dass auch der einfachste Kuchen vor Aroma strotzt. Unten befinden sich ein paar meiner liebsten Aromakombinationen. Zuckersirup und Buttercreme stets einen Tag vor Verwendung herstellen und über Nacht ziehen lassen, da sich das Aroma dann noch stärker entwickeln kann.
Es ist wichtig, dass der Biskuitteig gut mit Zuckersirup durchtränkt ist, da er auf diese Weise Feuchtigkeit und viel Aroma erhält.

VANILLE-HIMBEERTORTE

- Vanillebiskuit
- Vanille-Zuckersirup zum Tränken (s. S. 15)
- Vanille-Buttercreme (s. S. 14) und Himbeerkonfitüre für die Lagen

ZITRONEN-LIMONCELLO-TORTE

- Zitronenbiskuit
- Zuckersirup (s. S. 15) aromatisiert mit Zitronenschale und Limoncello-Likör zum Tränken
- Zitronenaufstrich (ich verwende fertigen guter Qualität) und Buttercreme mit Zitronenaroma (s. S. 14) für die Lagen

ORANGE-GRAND-MARNIER-KUCHEN

- Orangenbiskuit
- Zuckersirup (s. S. 15), aromatisiert mit Orangenschale und Gran Marnier zum Tränken
- Orangenmarmelade (wiederum aus dem Supermarkt) und Buttercreme mit Orangenaroma (s. S. 14) für die Lagen

SCHOKOLADEN-PFEFFERMINZ-KUCHEN

- Schokoladenbiskuit
- Zuckersirup (s. S. 15)
- Belgische Schokoladen-Ganache (s. S. 15), aromatisiert mit Pfefferminzlikör für die Schichten

Grundrezepte für Füllungen

Die hier aufgeführten Sirups und Füllungen haben sich als die beliebtesten erwiesen. Ihrer eigenen Fantasie sind in der Auswahl der Aromen jedoch keinerlei Grenzen gesetzt – wählen und mischen Sie, was immer Sie als wohlschmeckend erachten.

BUTTERCREME

ERGIBT 500 G

250 g weiche Butter

250 g Puderzucker, gesiebt

AROMENAUSWAHL

Mark einer Vanilleschote

fein geriebene Zitronenschale

fein geriebene Orangenschale

ARBEITSMATERIAL

- **Küchenmaschine oder elektrisches Handrührgerät mit Rühraufsatz**

1 Butter, Zucker und Aroma in die Schüssel einer Küchenmaschine geben und mit dem Rühraufsatz (1) auf mittlerer Stufe leicht und luftig schlagen (2).

2 Teig, der nicht direkt zu Anwendung kommen soll, in einem luftdichten Behälter im Kühlschrank aufbewahren und vor Verwendung zurück auf Raumtemperatur bringen.

ZUCKERSIRUP

ERGIBT CA. 500 ML

250 g Zucker

250 ml Wasser

AROMENAUSWAHL

Mark einer Vanilleschote

fein geriebene Zitronenschale und Limoncello-Likör

fein geriebene Orangenschale und Grand-Marnier-Likör

Pfefferminzlikör

ARBEITSMATERIAL

- **Topf**
- **Löffel**

1 Zucker und Wasser in einen Topf geben, gut umrühren und zum Kochen bringen. Abkühlen lassen.

2 In die lauwarme Masse die Aromen geben. Sofern nicht sofort verwendet, im Kühlschrank aufbewahren.

BELGISCHE SCHOKOLADEN-GANACHE

ERGIBT CA. 500 G

250 ml Schlagsahne

250 g dunkle Schokoladenkuvertüre (ich verwende Schokolade mit 55 % Kakaoanteil – dunklere Schokolade bricht schneller)

AROMENAUSWAHL

Orangen- oder Pfefferminzlikör oder Likör anderer Geschmacksrichtung

ARBEITSMATERIAL

- **Topf**
- **Schüssel**
- **Schneebesen**

1 Sahne in einen Topf geben und zum Kochen bringen.

2 Schokolade in eine Schüssel geben. Die Sahne darüber gießen (1) und mit dem Schneebesen verrühren (2).

3 Vor Gebrauch leicht abkühlen lassen, bis die Masse gerade eben beginnt, fest zu werden (3).

4 Sofern nicht sofort verwendet, in einem luftdichten Behälter im Kühlschrank aufbewahren, und vor Gebrauch auf Raumtemperatur zurückbringen.

Füllen und Überziehen großer Kuchen

Die folgenden Anleitungen für verschiedene Standardverfahren decken alle Aspekte des Füllens und Zusammensetzens großer Kuchen und Schichttorten. Obwohl der hier verwendete Kuchen quadratisch ist, gelten die aufgeführten Techniken ebenso für runde Kuchen oder andere Formen.

HERSTELLUNG EINER QUADRATISCHEN TORTE MIT ZWEI SCHICHTEN 25 CM UND 17,5 CM SEITENLÄNGE

Dieses Verfahren gilt z. B. für die Margeritenkaskade auf Seite 135.

2 quadratische Biskuits 25 cm (1 Grundrezept Viktoria-Biskuit, s. S. 12)

2 quadratische Biskuits 17,5 cm (halbe Menge eines Viktoria-Biskuits, s. S. 12)

250 ml Zuckersirup (s. S. 15), Aroma nach Wahl

750 g Buttercreme (s. S. 14), Aroma und Füllung nach Wahl

ARBEITSMATERIAL

- **Brotmesser**
- **quadratische Kuchenpappen (25 cm und 7cm)**
- **Backpinsel**
- **großes Palettenmesser**
- **Seitenschaber**
- **Backbleche**

1 Mit einem Brotmesser die Kruste von der Oberseite der beiden größeren Biskuits schaben.

2 Einen der Biskuits mit einem Tupfen Buttercreme auf einer Kuchenpappe (25 cm Seitenlänge) festkleben.

3 Mit einem Backpinsel die Oberseite dieses Biskuits mit Zuckersirup tränken. Eine dünne Schicht Buttercreme darauf verteilen.

4 Das zweite Biskuit ebenfalls mit Zuckersirup tränken. Darauf die gewählte Füllung verteilen.

5 Diesen Boden umdrehen und auf den unteren Boden legen, sodass Buttercreme und Füllung aufeinander treffen.

6 Die Oberseite der zusammengesetzten Torte mit Zuckersirup bestreichen.

7 Den Kuchen auf einen Drehteller stellen und seine Außenseite mit Buttercreme bestreichen (1), dabei die Buttercreme zuerst auf die Oberseite, dann die Seiten hinunter streichen.

8 Oberseite mit dem Palettenmesser glätten, Seiten mit einem Seitenschaber glatt streichen (2).

9 Das Auftragen der Buttercreme wiederholen, bis die Form der Torte zufriedenstellend ist. Oberfläche und Seiten der Torte sollten glatt und ebenmäßig sein.

10 Den Vorgang mit dem Biskuitboden (17,5 cm Seitenlänge) wiederholen. Beide Torten mindestens eine Stunde lang kalt stellen, bis die Buttercreme fest geworden ist.

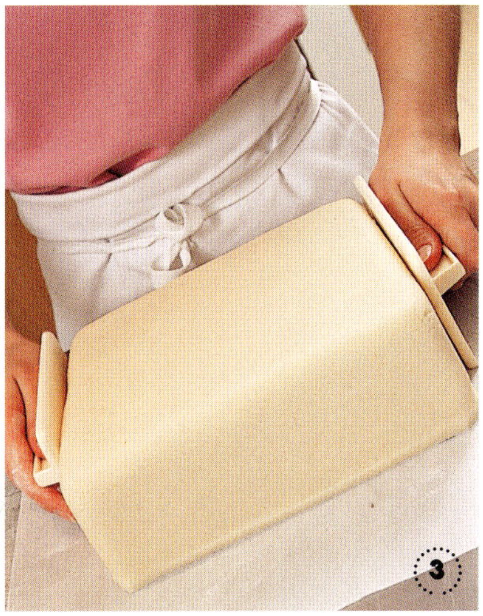

ÜBERZIEHEN EINES KUCHENS MIT MARZIPAN- UND ZUCKERPASTE

Puderzucker zum Bestäuben
2,5 kg weißes Marzipan
etwas Buttercreme (s. S. 14)
2,5 kg weiße Zuckerpaste
Lebensmittelfarbe (Minzgrün)
Alkohol oder Wasser zum Bestreichen

ARBEITSMATERIAL

- **großer Rollstab**
- **Führungsschienen (5 mm)**
- **Backpapier**
- **großes Palettenmesser**
- **kleines Küchenmesser**
- **Kuchenglätter**
- **Backpinsel**
- **Papierspritzbeutel (s. S. 25)**

1 2 Tage vorher mit der Arbeit beginnen. Den Kuchen auf Backpapier setzen. Mit einem Palettenmesser eine dünne Schicht Buttercreme auf dem Kuchen verteilen, damit das Marzipan besser haftet.

2 Eine Arbeitsfläche mit Puderzucker bestäuben, 1,5 kg Marzipan darauf legen und mit Hilfe eines Rollstabs und den Führungsschienen das Marzipan gleichmäßig dick auf eine Größe ausrollen, die ausreicht, um den Kuchen mit 25 cm zu bedecken.

3 Mit dem Rollstab das Marzipan anheben und über den Kuchen legen (1). Mit den Händen die Seiten hinunterdrücken und achtgeben, dass keine Lufttaschen entstehen. Marzipanüberstände mit einem Küchenmesser abschneiden (2).

4 Den Kuchenglätter über die Seiten und die Oberseite des Kuchens gleiten lassen, bis alle glatt und sauber aussehen (3). Den gesamten Vorgang mit dem Kuchen mit 17,5 cm Seitenlänge unter Verwendung des restlichen Marzipans wiederholen.

5 Marzipan an einem kühlen Ort fest werden lassen.

6 Dann die gesamte Zuckerpaste mit etwas Lebensmittelfarbe verkneten, bis die Paste einen gleichmäßigen Farbton aufweist.

7 Den größeren Kuchen mit einer dünnen Schicht Alkohol oder Wasser bestreichen.

8 Auf einer mit Puderzucker bestäubten Oberfläche 1,5 kg Zuckerpaste zwischen den 5 mm Führungsschienen ausrollen. Die Zuckerpaste auf dieselbe Weise wie das Marzipan über den Kuchen ziehen.

9 Den Vorgang mit der restlichen Zuckerpaste auf dem kleineren Kuchen wiederholen. Zuckerpaste 1 oder 2 Tage lang an einem kühlen Ort fest werden lassen.

Zusammensetzen von Etagentorten

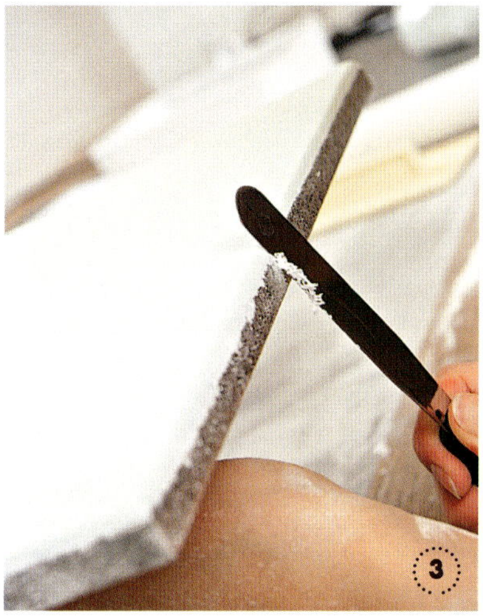

EINE TORTENPAPPE MIT ZUCKERPASTE ÜBERZIEHEN

Puderzucker zum Bestäuben

250 g gefärbte Zuckerpaste

ARBEITSMATERIAL

- **quadratische Tortenpappe (35 cm Seitenlänge)**
- **Backpinsel**
- **Rollstab**
- **2 Kuchenglätter**
- **Drehteller (optional)**
- **Palettenmesser**
- **1,45 m weißes Satinschleifenband (15 mm Breite)**
- **Metallpin**

1 Kuchenpappe dünn mit Puderzucker bestäuben und mit etwas Wasser bestreichen (so entsteht Kleber für die Zuckerpaste).

2 Zuckerpaste auf 3 mm Stärke und groß genug ausrollen, um die Kuchenpappe zu überziehen.

3 Mit dem Rollstab die Zuckerpaste hochheben und über die Kuchenpappe legen (1).

4 Einen Kuchenglätter vorsichtig über die Oberfläche der Paste gleiten lassen und Lufteinschlüsse ausplätten.

5 Die Kuchenpappe auf den Drehteller, sofern verwendet, setzen und die Paste mit einem Kuchenglätter die Seiten hinunterdrücken (2).

6 Überstände mit einem Palettenmesser abschaben (3) und die Zuckerpaste 1 oder 2 Tage trocknen lassen.

7 Sobald die Paste trocken ist, das Schleifenband um den Rand winden und die Enden mit einem Metallpin feststecken (4).

ETAGENTORTEN

150 g flüssiges Royal Icing (s. S. 24)
Lebensmittelfarbe nach Belieben

ARBEITSMATERIAL

- **1 bezogene Kuchenpappe (35 cm Seitenlänge), s. links**
- **Papierspritzbeutel**
- **abgewinkeltes Palettenmesser**
- **Quadratvorlage (12,5 cm Seitenlänge)**
- **kleine Nadel**
- **Tortendübel aus Plastik**
- **Bleistift**
- **Schere oder gezacktes Messer**

1 Etwas Icing in die Mitte der Kuchenpappe spritzen, um den Kuchen zu fixieren. Mit dem Palettenmesser die größere Torte (s. S. 16–17) hochheben und in die Mitte der Kuchenpappe setzen (1).

2 Die Quadratvorlage in die Mitte der Oberseite der unteren Torte legen und jede Ecke mit einer Nadel markieren (2). An jeder Markierung einen Tortendübel eindrücken (3). Das hindert die obere Torte daran, in die untere zu sinken. Mit einem Bleistift die Stelle am Dübel markieren, wo er aus dem Kuchen tritt. Die Dübel herausziehen und mit einer Schere 1 mm über der Markierung abschneiden, dann zurück in die Torte stecken.

3 Etwas Royal Icing in die Mitte der unteren Torte spritzen und die obere Torte darauf mittig fixieren.

4 Etwas Royal Icing mit Lebensmittelfarbe mischen, um sie farblich an die Zuckerpaste anzugleichen, dann eine dünne Linie entlang der Unterkante einer jeden Torte ziehen. Mit dem Finger glätten (4).

Fondant Icing/Herstellung von Cupcakes

Fondant, hergestellt aus Zucker, Wasser und Weinstein, ist in der Konditorei und im Kuchendekorationshandwerk weit verbreitet. Um es einfach zu machen, verwende ich fertigen Fondant, der im Fachhandel oder im Supermarkt (in Pulverform) erhältlich ist. Fest in Frischhaltefolie eingewickelt, hält er bis zu 3 Monate lang. Unbedingt darauf achten, dass Fondant niemals kochen darf.

FONDANT ICING

FÜR CA. 30 CUPCAKES ODER 50 FONDANT-TÖRTCHEN

1,5 kg Fondant (s. o.)

150 ml Zuckersirup (s. S. 15)

1 EL Zitronensaft

1 EL Glucosesirup

Lebensmittelfarben

ARBEITSMATERIAL

- **mikrowellengeeignete Schüssel**
- **Mikrowellengerät**
- **Holz- oder Plastiklöffel**

1 Fondant in eine mikrowellengeeignete Schüssel geben, mit heißem Wasser bedecken und ca. 15 Minuten lang weich werden lassen.

2 Das Wasser abschütten und die übrigen Zutaten hinzufügen.

3 In der Mikrowelle ca. 3 Minuten lang bei mittlerer Hitze erwärmen. Gut verrühren, dann eine weitere Minute lang erhitzen.

4 Fondant auf verschiedene Schüsseln, in die die Cupcakes eingetaucht werden können, aufteilen und jede Portion in einer anderen Farbe färben. Bevor mit dem Eintauchen der Cupcakes begonnen wird, eine der Schüsseln in der Mikrowelle 10–20 Sekunden lang bei voller Hitze erwärmen, da der Fondant zum Tauchen sehr heiß (aber nicht kochend) sein sollte. Fühlt sich der Fondant dick und schwer an, etwas Zuckersirup hinzufügen, um ihn zu verdünnen, bis er glatt fließt.

CUPCAKES

FÜR 12 CUPCAKES

12 Cupcakes (s. Grundrezept für Viktoriabiskuit, S. 12)

4 EL Zuckersirup (s. S. 15), Aroma nach Belieben

FÜR 12 GLASIERTE CUPCAKES

100 g Aprikosenkonfitüre, durch ein Sieb gestrichen

400 g Fondant Icing und Lebensmittelfarbe nach Wahl

FÜR 12 SCHOKOLADEN-CUPCAKES

400 g Belgische Schokoladen-Ganache (s. S. 15)

FÜR 12 BUTTERCREME-CUPCAKES

300 g Buttercreme (s. S. 14)

ARBEITSMATERIAL

- **Backpinsel**
- **Topf**
- **kleine Schüssel**
- **kleines Palettenmesser oder Löffel**

1 Mit dem Backpinsel die Oberflächen eines jeden Cupcakes mit Zuckersirup einpinseln.

2 Für Cupcakes mit Fondantüberzug die Aprikosenkonfitüre mit etwas Wasser in einem Topf kochen und über jeden Cupcake streichen. Trocknen lassen.

3 Die Oberseite eines jeden Cupcakes in die vorbereitete kleine Schüssel mit Fondant tauchen (s. o.)

4 Glasur trocknen lassen und den Tauchvorgang wiederholen, damit die Glasur schön glatt wird.

5 Für Schokoladen- oder Buttercreme-Cupcakes einfach mit einem kleinen Palettenmesser oder Löffel den Belag über jeden Kuchen verteilen.

Grundrezept für Fondant-Törtchen

FONDANT-TÖRTCHEN

Unter Verwendung des Fondants wie auf den vorherigen Seiten gezeigt, können nun kleine Fondant-Törtchen hergestellt werden. Während meiner Zeit bei Konditor & Cook habe ich wohl Tausende dieser kleinen Törtchen hergestellt – eine Erfahrung, die zweifellos meinen Stil nachhaltig geprägt hat. Mittlerweile verwende ich gern viel Glitzer und Glanz, wie die Fondant-Herzen auf den Seiten 70–71 und meine Bollywood-Kitsch-Kuchen auf den Seiten 66–67 und viele andere Beispiele veranschaulichen.

FÜR CA. 35 HÄPPCHEN

1 rechteckiges Blech Vanillebiskuit (s. S. 12)

150 ml Zuckersirup, mit Vanille aromatisiert (s. S. 14)

150 g Vanille-Buttercreme (s. S. 14)

150 g Himbeerkonfitüre (ohne Kerne)

1 kg Fondant (s. S. 20–21)

Auswahl an Lebensmittelfarben

200 g Aprikosenkonfitüre, durch ein Sieb gestrichen

100 g Puderzucker

500 g Marzipan

ARBEITSMATERIAL

- **Brotmesser**
- **Backblech**
- **Frischhaltefolie**
- **kleine Schüsseln**
- **Backpinsel**
- **großer Rollstab**
- **Ausstecher in Herzform, sofern benötigt**
- **Mikrowellengerät**
- **Tauchgabel**
- **Kuchengitter**
- **Papierförmchen für Muffins**

1 Mit dem Messer die Kruste vom Biskuit kratzen und das Biskuit mit der Oberseite nach unten auf das Blech legen.

2 Biskuit horizontal in zwei Hälften schneiden. Die obere Hälfte zur Seite stellen.

3 Mit einem Backpinsel die Oberfläche des unteren Bodens mit Vanillesirup tränken, dann mit Buttercreme und mit Himbeerkonfitüre bestreichen. Die obere Biskuithälfte darauf legen. In Frischhaltefolie einwickeln und mindestens 2 Stunden kalt stellen.

4 Fondant auf Schüsseln aufteilen und mit Lebensmittelfarbe färben. Jede Schüssel mit Frischhaltefolie abdecken und zur Seite stellen.

5 Sobald das Biskuit fest ist, die Aprikosenkonfitüre erwärmen, das Biskuit auswickeln und mit dem

Pinsel eine dünne Schicht Konfitüre auf die Oberseite pinseln.

6 Die Arbeitsoberfläche mit Puderzucker bestäuben und das Marzipan darauf auf eine Stärke von 3 mm ausrollen. Auf die Größe des Biskuits zuschneiden, mit dem Rollstab hochheben und auf das Biskuit legen (1).

7 Das marzipanbedeckte Biskuit in Vierecke von 5 cm Seitenlänge schneiden (2) oder Herzen ausstechen. Die Oberfläche nochmals mit Aprikosenglasur bestreichen.

8 Jeweils eine Schüssel mit gefärbtem Fondant sanft in der Mikrowelle auf mittlerer Stufe 20 Sekunden lang erwärmen, bis der Fondant warm und dickflüssig ist. Der Fondant darf niemals kochen!

9 Fondant umrühren und die Häppchen zunächst mit der Oberseite nach unten eintauchen. Zum Herausnehmen Häppchen an der Unterseite mit dem Finger, an der Oberseite mit der Pralinengabel halten (3). Darauf achten, dass die Gabel nicht in das Marzipan stößt, den Kuchen einfach sanft anheben und direkt auf das Kuchengitter legen (4), dann liegen lassen, damit die Glasur fest werden kann.

10 Die Häppchen vom Gitter nehmen und in die Papierförmchen geben. Das geschieht am besten mit leicht angefeuchteten Fingern, damit die Glasur nicht kleben bleibt.

Royal Icing/Spritztechniken

FESTE KONSISTENZ

WEICHE KONSISTENZ

DICKFLÜSSIGE KONSISTENZ

Herstellung und Verwendung von Royal Icing sind vielleicht die wichtigsten Fertigkeiten in der Kunst der Kuchendekoration, und es ist einfacher als oft gedacht. Wer sich vor dieser Aufgabe scheut, kann immer noch eine Fertigmischung im Fachhandel erstehen.

ROYAL ICING

ERGIBT CA. 1,2 KG

25 g Eiweißpulver

1 kg Puderzucker, gesiebt

1 EL Zitronensaft

ARBEITSMATERIAL

- **Sieb**
- **Küchenmaschine oder elektrisches Handrührgerät mit Rühraufsatz**
- **Löffel**
- **verschließbarer Plastikbehälter**
- **Küchentuch**

1 Das Eiweißpulver mit 150 ml Wasser mischen und durch ein Sieb geben, um die Klumpen zu entfernen.

2 Den Puderzucker, zwei Drittel der Eiweißmischung und den Zitronensaft in eine Schüssel geben und auf niedriger Stufe den Rührvorgang beginnen. Sobald alles vermischt ist, Konsistenz prüfen. Wenn die Seiten der Schüssel immer noch trocken und krümelig aussehen, etwas mehr Eiweißpulver hinzufügen, bis die Glasur fast glatt aber nicht nass aussieht. Weitere 4–5 Minuten rühren, bis das Royal Icing steif ist.

3 In Plastikbehälter löffeln, mit einem feuchten Küchentuch und dem Deckel verschließen und bei Zimmertemperatur aufbewahren.

KONSISTENZEN

Durch das ganze Buch hindurch werde ich mich auf die Konsistenz von Royal Icing beziehen, die zum richtigen Ergebnis führt. In die Grundform wird einfach mit dem Palettenmesser nach und nach etwas Wasser eingerührt, bis die richtige Konsistenz erreicht ist. Nicht in Gebrauch befindliches Royal Icing stets mit Frischhaltefolie abgedeckt halten, damit es nicht austrocknet.

FESTE KONSISTENZ

Zum Spritzen von Zuckerblüten und Zuckerblättern

WEICHE KONSISTENZ

Zum Spritzen von Linien, Punkten und Bordüren

FLÜSSIGE KONSISTENZ

Zum Ausfüllen von (Zwischen-) Räumen

SPRITZBEUTEL

1 Nehmen Sie ein Stück Backpapier (ca. 35 x 35 cm) und falten Sie eine Ecke zur gegenüberliegenden Ecke. Mit einem Messer durch den Falz schneiden (1). Nehmen Sie eines der sich ergebenden Dreiecke und halten Sie es mit der linken Hand in der Mitte der längsten Seite, mit der rechten Hand an der gegenüberliegenden Ecke (2). Rollen Sie das Papier mit der rechten Hand zur rechten Ecke, sodass sich ein Hörnchen ergibt (3). Rollen Sie nun mit der linken Hand solange hinüber zur linken Ecke, bis sich alle Ecken an der Spitze der Rückseite treffen. Durch hin- und herbewegen zwischen Daumen und Zeigefinger ein Hörnchen mit scharfer Spitze formen (4). Nun die Ecken nach innen falten, an jeder Seite des Saums ziehen und die Flappe nach innen falten (5).

2 Zum Befüllen den Beutel in einer Hand halten und mithilfe eines kleinen Palettenmessers mit Royal Icing befüllen.

3 Den Beutel verschließen, indem die Seite mit dem Saum zweimal über die glatte Seite gefaltet wird.

GRUNDTECHNIKEN

Schneiden Sie zunächst eine kleine Spitze von dem bereits mit Royal Icing befüllten Spritzbeutel ab.

LINIEN SPRITZEN

1 Halten Sie den Beutel zwischen Daumen und Fingern und verwenden Sie den Zeigefinger der anderen Hand, um die Tülle zu führen. Berühren Sie den Startpunkt mit der Beutelspitze und drücken Sie langsam Glasur heraus; dabei den Beutel leicht anheben und die Linie gerade auf den Körper zu ziehen.

2 Während Sie sich dem Ende nähern, den Beutel nach und nach absenken, aufhören zu drücken und die Linie durch Berühren des Endpunkts abschließen.

TUPFEN SPRITZEN

1 Die Beutelspitze 1 mm über der Oberfläche halten und Glasur herausdrücken. Die Spitze dabei nach und nach anheben, während der Tupfen sich ausbreitet. Wenn der Tupfen die gewünschte Größe erreicht hat, aufhören zu drücken.

2 Sofern der Punkt oben einen kleinen Zipfel bildet, diesen vorsichtig mit einem feuchten, weichen Künstlerpinsel abflachen.

SPRITZEN GETUPFTER BORDÜREN

1 Beginnen Sie den Spritzvorgang wie für einen Tupfen. Sobald der Tupfen die gewünschte Größe erreicht hat, aufhören zu drücken und die Spitze Ihres Beutels herunterziehen und dort anhalten, wo der nächste Tupfen beginnen soll.

2 Den Vorgang wiederholen und dabei darauf achten, dass alle Tupfen dieselbe Größe haben und in regelmäßigen Abständen stehen.

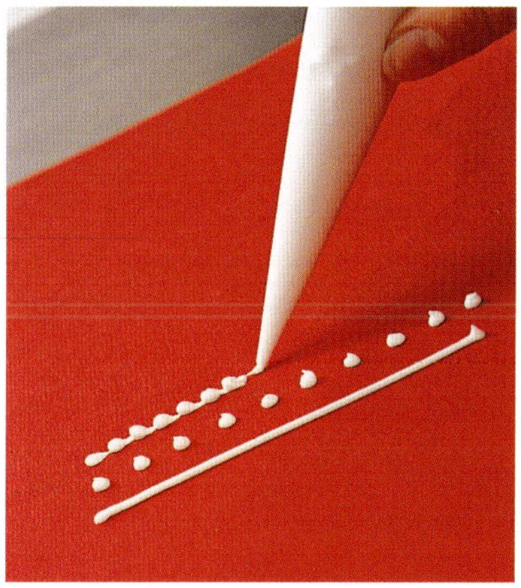

Blüten aus Royal Icing

BLÜTEN AUS ROYAL ICING

Zum Spritzen aller Blütenformen wird steif geschlagenes Royal Icing benötigt

Lebensmittelfarben nach Belieben

Lebensmittelfarbenstift (schwarz)

ARBEITSMATERIAL

- **Spritztüllen aus Metall zum Spritzen der Blütenblätter (z. B. Wilton 104, PME 56R, 57R, 58R)**
- **Backpapier**
- **Schere**
- **Blumennagel**
- **Papierspritzbeutel (s. S. 25)**

SPRITZEN EINER EINFACHEN BLÜTE MIT 5 BLÜTENBLÄTTERN

1 Aus einem Bogen Backpapier kleine Vierecke ausschneiden, die etwas größer sind als die zu spritzenden Blüten.

2 Einen Papierspritzbeutel herstellen und vom leeren Beutel die Spitze abschneiden, sodass eine Öffnung entsteht, auf die eine Metalltülle passt. Eine Spritztülle (Wilton 104 oder PME 58R) von oben mit der schmalen Seite nach unten in den Beutel fallen lassen.

3 Den Beutel mit dem gefärbten, steifen Royal Icing füllen.

4 Einen kleinen Tupfen Royal Icing auf die Oberseite eines Blumennagels spritzen und eines der Papiervierecke darauf festkleben; den Nagel in einer Hand halten.

5 Den Spritzbeutel mit der anderen Hand im 45°-Winkel an den Nagel halten, die breite Seite der Tülle berührt die Mitte des Nagels, die schmale Seite zeigt nach außen und leicht nach oben.

6 Das erste Blütenblatt herausdrücken und dem Nagel eine Fünfteldrehung geben, während die Spritztülle sich auf den Außenrand des Blumennagels zu bewegt. Beim Zurückgehen zur Mitte weniger Druck ausüben und die Tülle leicht anwinkeln, um dem Blütenblatt eine natürliche Form zu geben. Wenn das breite Ende den Mittelpunkt erreicht, aufhören zu drücken und die Tülle anheben.

7 Den Vorgang viermal wiederholen, sodass 5 Blütenblätter entstehen. Die Blüte mit der Unterlage vom Nagel nehmen und trocknen lassen.

8 Kleine gelbe Punkte als Staubgefäße in die Blütenmitte spritzen.

Anmerkung: für kleinere Blüten einfach eine der kleineren aufgeführten Spritztüllen verwenden.

MARGERITEN SPRITZEN

1 Spritztülle Wilton 104 und etwas steifgeschlagenes Royal Icing verwenden.

2 Spritzbeutel und die Papierquadrate für den Blumennagel vorbereiten und wie oben beschrieben vorgehen.

3 Die Mitte des mit Papier ausgekleideten Blumennagels mit einem Tupfen Icing markieren.

4 Am äußeren Rand beginnen und das breite Ende der Tülle abgekehrt, das schmale Ende hin zur Mitte des Nagels halten.

5 Papier leicht mit dem breiten Ende der Spritztülle berühren, Royal Icing herausdrücken, die Tülle zur Mitte hin ziehen und dabei den Druck lösen. Stoppen und die Spitze wegziehen.

6 Vorgang für 8 oder mehr Blütenblätter wiederholen, den Blumennagel entsprechend drehen (s. u.).

7 Die Blüte auf dem Papier vom Nagel nehmen und trocknen lassen.

8 Kleine gelbe Tupfen als Staubbeutel in die Mitte der Blüte spritzen.

Anmerkung: Für kleinere Blüten einfach eine der kleineren Spritztüllen verwenden.

STIEFMÜTTERCHEN SPRITZEN

1 Benötigt werden 2 Spritzbeutel mit 2 Spritztüllen derselben Größe, ein Beutel gefüllt mit steifem Royal Icing in Gelb und ein Beutel gefüllt mit violettem steifen Royal Icing.

2 Mit dem gelben Royal Icing beginnen. 2 Blütenblätter nebeneinander spritzen wie oben für die 5 einfachen Blütenblätter beschrieben.

3 Vorgang wiederholen und 2 kürzere gelbe Blütenblätter auf die größeren Blütenblätter spritzen.

4 Für das große untere Blütenblatt die Spritztülle mit dem violetten Icing unter die rechte Seite des großen gelben Blütenblatts stecken und damit beginnen, ein Blütenblatt in der Breite der größeren Blütenblätter auszudrücken, indem die Hand hin- und hergeht, um einen leichten Kräuseleffekt zu erzielen.

5 Die Blüte auf dem Papier vom Nagel nehmen und trocknen lassen.

6 Einen Lebensmittelfarbenstift (schwarz) nehmen und damit feine Linien in die Mitte des Stiefmütterchens malen.

7 Eine feine gelbe Schleife als Staubbeutel in die Mitte der Blüte spritzen.

NARZISSEN SPRITZEN

1 Unter Verwendung einer PME 58R Spritztülle und eierschalenfarbenem steifen Royal Icing eine Blüte mit 6 Blütenblättern auf den mit Papier ausgekleideten Blumennagel spritzen, dabei dieselbe Technik wie für die Margerite anwenden.

2 Blüte auf dem Papier vom Blumennagel nehmen und trocknen lassen.

3 Drei Ringe aus hell-orangefarbenem Royal Icing übereinander in die Mitte der Blüte spritzen und trocknen lassen.

4 Sobald das Royal Icing trocken ist, eine feine gekräuselte Linie über den Rand des Kreises spritzen.

Marzipanrosen

Ich bin eine große Liebhaberin von Marzipan- oder Zuckerrosen, muss allerdings gestehen, dass ich eine Weile gebraucht habe, die perfekte Rose zu gestalten. Aber lassen Sie sich sagen, dass es oft die Vielzahl der Rosen ist, die der Torte ihre außergewöhnliche Wirkung verleiht.

ERGIBT CA. 6 GROSSE ODER 12 KLEINE ROSEN ODER 20 ROSENKNOSPEN

250 g Marzipan (alternativ Zuckerpaste)

Lebensmittelfarbe (Rosa und Grün)

ARBEITSMATERIAL

- **2 Bogen Cellophan**
- **kleiner Rollstab**
- **Ausstecher für den Blütenkelch**
- **Ausstecher für ein Rosenblatt**
- **Veiner (Präger mit Blattstruktur)**

100 g des Marzipans blassrosa, 100 g dunkelrosa, und 50 g grün färben.

BLÜTENKELCHE

1 Benötigt werden 2 haselnussgroße Marzipankugeln in dunkelrosa und eines mit doppelter Größe.

2 Die beiden Marzipankugeln zwischen 2 Bogen Cellophan legen (1) und, beim größeren Stück beginnend, zu den Seiten herausdrücken, um es zu verlängern, dann eine lange Seite mit dem Daumen abflachen, bis sie sehr dünn ist (2).

3 Für die anderen Blütenblätter eine kleinere Kugel mit dem Daumen herunterdrücken, dabei in der Mitte beginnen und zu einer Seite drücken, bis sich die Form eines runden Blatts mit einer dicken und einer dünnen Seite ergibt.

4 Das große Blütenblatt mit der dünnen Seite nach oben in Spiralform rollen (3). Dieses Blütenblatt bildet die Mitte der Rose.

5 Eines der kleineren Blätter mit der dünnen Seite nach oben um die Mitte über den Saum legen (4).

6 Das dritte Blütenblatt leicht in das zweite hineinstecken und um die Mitte herum drücken (5).

7 Die Ränder der Blütenblätter leicht mit den Fingerspitzen nach außen biegen (6).

KLEINE ROSEN

8 Fahren Sie fort, indem Sie 3 weitere Blütenblätter derselben Größe, die einander leicht überlappen, um den Blütenkelch legen. Wiederum die Ränder der Blütenblätter mit den Fingerspitzen leicht nach außen biegen.

GROSSE ROSEN

9 Fahren Sie fort, indem Sie weitere 5 Blütenblätter derselben Größe, die sich leicht überlappen, um den Blütenkelch legen. Die Ränder der Blütenblätter mit den Fingerspitzen leicht nach außen biegen. Zum Schluss überschüssiges Marzipan entfernen.

BLÄTTER UND BLÜTENKELCHE

10 Grünes Marzipan zwischen 2 Bogen Cellophan ausrollen.

11 Einen Rosenblütenkelch ausstechen und unten unter die Rose stecken (Marzipan haftet an Marzipan; für Zuckerpaste etwas Wasser als Klebstoff verwenden).

12 Die Blattspitzen mit den Fingern formen und kneifen. Rosenblätter ausstechen.

13 Blätter im Veiner prägen (8) und leicht mit den Fingern in eine natürliche Form bringen (9).

1
2
3
4
5
6
7
8
9

Kekse

Buchstabenkekse

Buchstabenkekse sind auch von Ungeübten leicht herzustellen, da nur die absoluten Grundtechniken des Spritzens zum Einsatz kommen. Die fertigen Kekse können dazu verwendet werden, Namen auf der Festtafel auszulegen oder um kleine Botschaften zu schreiben (wie z. B. „Happy Birthday", „Danke", „Glückwunsch"), die dann in hübsche Geschenkschachteln verpackt übereicht werden.

ERGIBT CA. 10–12 KEKSE
Auswahl an Lebensmittelfarben
Ca. 300 g Royal Icing (s. Seite 24)
10–12 Schokoladenkekse (s. Seite 10), zu beliebigen Buchstaben geformt

ARBEITSMATERIAL
- **Schüsseln**
- **Kleines Palettenmesser zum Mischen**
- **Papierspritzbeutel (s. Seite 25)**

1 Zuerst die Farben auswählen und je einen Spritzbeutel mit weichem Royal Icing und flüssigem Royal Icing in jeder Farbe vorbereiten.

2 Mit weichem Royal Icing die Umrisse der Buchstaben aufspritzen.

3 Nun mit dem flüssigen Royal Icing derselben Farbe die Innenfläche ausspritzen.

4 Vor der Weiterverwendung die Kekse ca. 1 Stunde lang trocknen lassen.

PEGGY

Bollywood-Herzlollies

Nichts ist leichter, als einen einfach geformten Keks in einen spaßigen Lolli zu verwandeln, indem vor dem Backen ein Lolliestiel in die Mischung gesteckt wird (s. u.). Dramatisch dekoriert, ergeben diese Lollies die herrlichsten Geschenke.

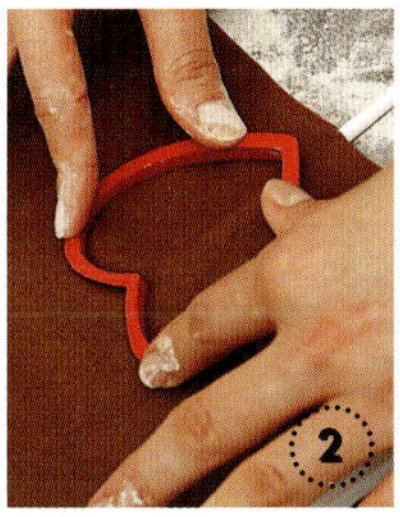

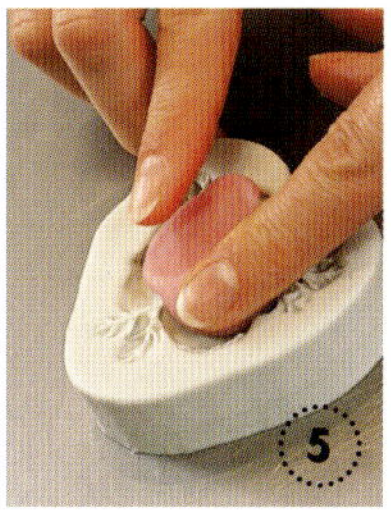

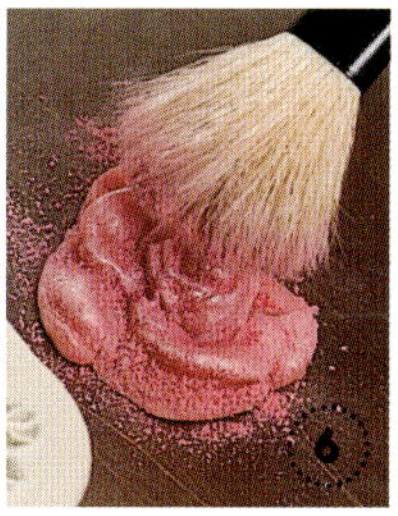

FÜR 6 KEKSLOLLIES

Lebensmittelfarben (Gelb, Orange, Rosa, Blau und Violett)

300 g Royal Icing s. S. 24)

Lebkuchenkekse in Herzform (s. S. 11), an einem Lolliestiel gebacken (1 und 2)

Goldglitzer

50 g Zuckerpaste (Pastellrosa)

Rosa Schimmer

ARBEITSMATERIAL

- **Schüsseln**
- **kleines Palettenmesser**
- **mehrere Papierspritzbeutel (s. S. 25)**
- **kleiner Bogen Backpapier**
- **dünner, weicher Künstlerpinsel**
- **Rosenmodel**
- **dicker, weicher Künstlerpinsel**
- **Organza-Schleifenbänder in verschiedenen Farben (50 cm pro Lolli)**

1 Zunächst alle Farben mischen und die Spritzbeutel vorbereiten. Es wird ein Beutel mit weichem Royal Icing und je ein Beutel mit flüssigem Royal Icing in leuchtendem Gelb, Orange, Rosa, Blau, Grün (Gelb und Blau gemischt) und Violett benötigt.

2 Mit dem weichen Royal Icing die Umrisse des Herzens aufspritzen, dann Tupfen in gleichmäßigem Abstand um den Umriss herum spritzen (3).

3 Eine Schicht Goldglitzer auf einem Stück Backpapier versprenkeln und jeden Keks in den Glitzer stippen, solange das Royal Icing noch feucht ist. Umrisslinie und Tupfen sollen vollständig mit Glitzer bedeckt sein. Trocknen lassen.

4 Überschüssigen Glitzer mit dem Pinsel entfernen (4).

5 Jede Herzinnenfläche mit einem anders gefärbten Icing ausfüllen und trocknen lassen.

6 Ein kleines Stück Zuckerpaste zu einer Kugel formen, in das Rosenmodel stecken (5). Model aufbiegen, sodass die Rose heraus fällt. 5 weitere Rosen herstellen.

7 Mit dem dicken Pinsel die Rosen mit Schimmer bestreichen (6).

8 Jeweils eine Rose mit Icing in der Herzmitte festkleben.

9 Einen Spritzbeutel mit dem pastellgrünen, weichen Royal Icing füllen und die Spitze in V-Form abschneiden. Damit kleine Blätter um die Rosen herum spritzen. Trocknen lassen.

10 Um das obere Ende des Stils herum ein Schleifenband binden.

Blumenkörbchen

Neulich bat mich eine Freundin anlässlich ihrer Hochzeit um einen Geschenkvorschlag für die Blumenmädchen, und so kam mir diese Idee der Blumenkörbchen aus Keksteig in den Farben der Hochzeitsblumen in den Sinn. Säuberlich eingeschlagen in Seidenpapier und überreicht in einer hübschen Geschenkschachtel wie auf der übernächsten Seite gezeigt, geben sie auch ein perfektes kleines Geschenk für den Muttertag oder auch nur als kleines „Dankeschön" ab.

FÜR 6 KEKSKÖRBCHEN UND 12 MINI-BLUMENKEKSE

6 Vanillekekse (s. S. 10) in Körbchenform

12 runde Vanillekekse (s. S. 10), (∅ ca. 3,75 cm)

12 Mini Zuckerblüten in jeder der drei Farben: Rosa, Violett und Weiß (s. S. 26–27)

500 g Royal Icing (s. S. 24)

Lebensmittelfarben (Gelb, Rosa, Violett)

ARBEITSMATERIAL

* **Schüsseln**
* **kleines Palettenmesser**
* **mehrere Papierspritzbeutel (s. S. 25)**
* **Wilton Spritztülle 103**

HERSTELLUNG DER KÖRBCHEN

1 Zuerst die Farben mischen und die Spritzbeutel vorbereiten. Benötigt werden 2 Spritzbeutel gefüllt mit weichem Royal Icing, einem in Pastellrosa, das andere in Pastellviolett, außerdem 2 Spritzbeutel gefüllt mit flüssigem Royal Icing in denselben Farben.

2 Die Umrisse von drei Kekskörbchen einschließlich Henkel mit rosafarbenem weichem Icing aufspritzen, den Vorgang bei den anderen drei Kekskörbchen mit violettem weichem Icing wiederholen.

3 Die Innenfläche eines jeden Körbchenkekses mit flüssigem Royal Icing in der entsprechenden Farbe ausfüllen. Trocknen lassen.

4 Je 6 Zuckerblüten (2 jeder Farbe) aus jedem Körbchen „heraushängen lassen".

5 Kleine grüne Blätter neben die Blüten spritzen (s. gegenüberliegende Seite), um das Bild abzurunden.

HERSTELLUNG DER MINI-BLÜTEN-KEKSE

Zur Herstellung einer Auswahl an rosafarbenen, violetten und weißen Blütenkeksen mit den Techniken für Blüten aus Royal Icing auf den Seiten 26–27 arbeiten. Den Keks so wie den Blumennagel (ohne Papier) verwenden und die Blüte direkt unter Verwendung der Tülle 103 (1–3) auf den Keks spritzen. Sobald die Blüten trocken sind, ein „V" aus der Spitze des Papierspritzbeutels (4) ausschneiden und mit dem Beutel kleine grüne Blätter um die Blüten herum spritzen (5).

„Ein perfektes kleines Geschenk zum Muttertag."

Unterwasserwelt

Als Liebhaberin des Meeres und seiner Bewohner verfiel ich in restlose Begeisterung, als mir dieses fantastische Ausstecher-Set für Meerestiere in die Hände fiel. Ich konnte es kaum erwarten, vielfarbige tropische Fische, Seepferdchen und Muscheln zu gestalten. Für die hier vorgeführte, eher erwachsene Version habe ich eher gedeckte Farben gewählt. Der Hummer würde sich zum Beispiel gut als Platzkarte auf einer Dinnerparty unter einem Meeresfrüchte-Motto eignen.

Zur Herstellung einer Auswahl dieser Keksformen zuerst alle gewünschten Farben und benötigten Spritzbeutel vorbereiten. Zunächst alle Umrisse mit Royal Icing aufspritzen, damit dann, wenn der letzte Keks fertig ist, direkt mit dem Füllen der Innenflächen des ersten Kekses begonnen werden kann. Auf diese Weise muss nicht gewartet werden, bis die Umrisse jeweils getrocknet sind, was viel Zeit spart.

FÜR 6 KEKSE

Lebensmittelfarbe (Rot, Orange, Braun, Violett, Altrosa, Blau, Moosgrün und Gelb)

300 g Royal Icing (s. S. 24)

6 Lebkuchen (s. S. 11) in den Formen eines Hummers, tropischen Fischs, Seesterns, Seepferdchens, Oktopus und einer Seemuschel

ARBEITSMATERIAL

- **Schüssel**
- **kleines Palettenmesser**
- **Papierspritzbeutel (s. S. 25)**

HERSTELLUNG EINES HUMMERS

1 Zunächst die Farben und die Spritzbeutel vorbereiten. Um den benötigten Rot-Ton herzustellen, das Royal Icing mit roter Lebensmittelfarbe und etwas brauner Lebensmittelfarbe mischen. Hiervon wird ein Beutel weiches Royal Icing benötigt. Zur Herstellung des Orange-Tons Royal Icing mit orangefarbener Lebensmittelfarbe und etwas roter Lebensmittelfarbe vermischen. Hiervon wird 1 Beutel mit weichem Royal Icing und einer mit flüssigem Royal Icing benötigt.

2 Die Umrisse des Hummers mit weichem, orangefarbenem Icing aufspritzen.

3 Die Innenfläche mit flüssigem, orangefarbenem Icing ausfüllen. Trocknen lassen.

4 Die Umrisse nochmals nachziehen, dieses Mal jedoch mit rotem Icing. Außerdem die Körpersegmente unterteilen, Augen aufspritzen und Details des Hummerschwanzes zeichnen. Trocknen lassen.

HERSTELLUNG EINES TROPISCHEN FISCHS

1 Zunächst die Farben und die Spritzbeutel vorbereiten. Um den benötigten Farbton herzustellen, das Royal Icing mit moosgrüner Lebensmittelfarbe und etwas gelber Lebensmittelfarbe mischen. Hiervon wird ein Beutel weiches Royal Icing und ein anderer mit flüssigem Royal Icing benötigt. Weiterhin ist ein Beutel mit gelbem flüssigem Royal Icing erforderlich.

2 Mit dem grünen, weichen Royal Icing die Umrisse einschließlich der Fischstreifen aufspritzen.

3 Mit dem grünen flüssigen Icing das Gesicht, die mittlere Innenfläche und den Schwanz ausfüllen. Trocknen lassen.

4 Mit dem gelben flüssigen Icing die übrigen Teile ausfüllen. Trocknen lassen.

5 Mit dem grünen weichen Icing nochmals die Umrisse aufspritzen und einige Details auf die Flossen zeichnen.

6 Mit dem gelben Icing die Augen spritzen. Trocknen lassen.

HERSTELLUNG EINES SEESTERNS

1 Zunächst die Farben und die Spritzbeutel vorbereiten. Um den gelben Farbton herzustellen, das Royal Icing mit gelber Lebensmittelfarbe und etwas brauner Lebensmittelfarbe vermischen. Hiervon werden ein Beutel mit weichem Icing und ein weiterer mit flüssigem Icing benötigt. Um das orangefarbene Royal Icing herzustellen, das Icing mit orangefarbener Lebensmittelfarbe und etwas brauner Lebensmittelfarbe vermischen. Hiervon wird ein Beutel weiches Icing benötigt.

2 Mit dem gelben weichen Icing die Umrisse des Seesterns aufspritzen.

3 Mit dem gelben flüssigen Icing die Innenfläche ausfüllen. Trocknen lassen.

4 Die Umrisse nochmals aufspritzen, dieses Mal jedoch mit dem orangefarbenen Icing, und einige Tupfen in die Mitte des Seesterns spritzen. Trocknen lassen.

HERSTELLUNG EINES SEEPFERDCHENS

1 Zunächst die Farben mischen. Um den erforderlichen blauen Farbton zu erzielen, das Royal Icing mit blauer Lebensmittelfarbe und etwas violetter Lebensmittelfarbe mischen. Hiervon wird 1 Beutel mit weichem Royal Icing und ein weiterer Beutel mit flüssigem Royal Icing benötigt. Zur Herstellung des grünen Farbtons das Royal Icing mit moosgrüner Lebensmittelfarbe und gelber Lebensmittelfarbe mischen. Hiervon ist 1 Beutel mit weichem Icing erforderlich.

2 Mit dem blauen weichen Icing die Umrisse des Seepferdchens aufspritzen.

3 Mit dem flüssigen blauen Icing die Innenfläche ausfüllen. Trocknen lassen.

4 Mit dem grünen weichen Icing nochmals die Umrisse des Seepferdchens aufspritzen und die Körpersegmente aufspritzen. Trocknen lassen.

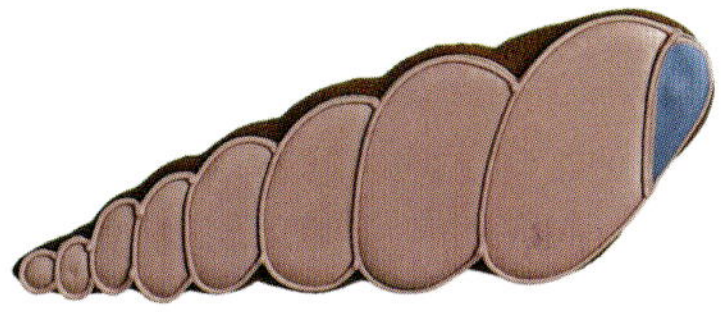

HERSTELLUNG DER SEEMUSCHEL

1 Zunächst die Farben und Spritzbeutel vorbereiten. Um den rosa Farbton zu erzielen, das Royal Icing mit altrosa Lebensmittelfarbe färben. Benötigt werden 1 Beutel weiches Royal Icing und ein weiterer mit flüssigem Royal Icing in dieser Farbe. Zur Herstellung des lila Farbtons Royal Icing mit violetter Lebensmittelfarbe und etwas altrosa Lebensmittelfarbe mischen. Hiervon wird ein Beutel mit flüssigem Royal Icing benötigt.

2 Mit dem rosafarbenen weichen Icing die Umrisse der Muschel aufspritzen. Außerdem eine Trennungslinie für das lilafarbene Vorderteil der Muschel aufspritzen.

3 Mit dem rosafarbenen flüssigen Icing die verbleibenden Teile der Muschel ausspritzen. Trocknen lassen.

4 Mit dem lilafarbenen flüssigen Icing den kleinen, vorderen Teil der Muschel ausspritzen. Trocknen lassen.

5 Mit dem rosafarbenen weichen Royal Icing nochmals die Umrisse und Segmentlinien spritzen. Trocknen lassen.

HERSTELLUNG EINES OKTOPUS

1 Zunächst die Farben und die Spritzbeutel vorbereiten. Um den erforderlichen rosa Farbton zu erzielen, das Royal Icing mit altrosa Lebensmittelfarbe und etwas violetter Lebensmittelfarbe mischen. Hiervon wird ein Beutel weiches Royal Icing benötigt. Zur Herstellung des lila Farbtons das Royal Icing mit violetter Lebensmittelfarbe mischen. Benötigt werden ein Beutel mit weichem Royal Icing und ein Beutel flüssiges Royal Icing in diesem Farbton.

2 Mit dem lilafarbenen weichen Royal Icing die Umrisse des Oktopus nachziehen.

3 Mit dem lilafarbenen flüssigen Royal Icing die Innenfläche ausfüllen. Trocknen lassen.

4 Mit dem rosafarbenen weichen Royal Icing die Umrisse nochmals nachziehen und Tupfen auf die Tentakel spritzen. Trocken lassen.

Ostereier

Als Kind war es für mich jedes Jahr von Neuem ein Riesenspaß, mit meiner Mama Ostereier anzumalen. Auch die Herstellung dieser Kekse ist eine schöne Kinderbeschäftigung, die sich darüber hinaus bestens dafür eignet, die Fertigkeiten des Keksdekorierens einzustudieren. Für ein Osterpräsent können Sie sogar eine Auswahl an Eiern in verschiedenen Größen und Mustern in einem hübschen Korb zusammenstellen und mit einer Schleife verzieren. Meine Kaleidoskop-Kuchen auf den Seiten 64–65 enthalten weitere Schmuckideen, die sich auch auf den Keksen in Ostereiform gut ausnehmen würden.

FÜR 5 KLEINE UND 5 GROSSE KEKSE

5 kleine und 5 große Zitronenkekse (s. S. 10) in Eiform

300 g Royal Icing (s. S. 24)

Auswahl Lebensmittelfarben

ARBEITSMATERIAL

- **Schüsseln**
- **kleines Palettenmesser**
- **einige Papierspritzbeutel (s. S. 25)**

1 Die gewünschten Hintergrundfarben für die Osterei-Kekse auswählen und einen Beutel weiches Royal Icing sowie einen Beutel flüssiges Royal Icing in jeder Farbe vorbereiten.

2 Zunächst die Umrisse mit dem weichen Icing aufspritzen.

3 Dann die Innenfläche mit dem flüssigen Icing in derselben Farbe wie die Ränder ausfüllen und ca. 1 Stunde trocknen lassen.

4 Die Farben für die Verzierungen auswählen und damit beginnen, mit weichem Icing die Eier mit Streifen und Schlangenlinien zu versehen. Für die Tupfen verdünntes weiches Icing verwenden.

Geburtstagsmischung

Das Dekorieren von Keksen gehört zu meinen Lieblingsbeschäftigungen, und es ist viel einfacher als es aussieht. Erfinden Sie Ihren eigenen Stil im Rahmen klarer, einfacher Strukturen. Farbenfrohe Muster aus Punkten und Streifen, auf einen einfarbigen Hintergrund gespritzt, ergeben sehr ansprechende Designs. Sie können entweder als Leckereien für Gäste bei Ihrer eigenen Party verwendet werden oder man kann sie als Mitbringsel in schickem Geschenkpapier auf der Geburtstagsparty präsentieren.

FÜR CA. 10–12 KEKSE (s. S. 10), ca. 400 g Royal Icing (s. S. 24)
Auswahl Lebensmittelfarben

ARBEITSMATERIAL

- **kleines Palettenmesser**
- **Papierspritzbeutel s. S. 25)**

FÜR DIE GESCHENKSCHACHTELN

1 Zuerst die Hintergrundfarbe verteilen: Einen Spritzbeutel mit weichem Royal Icing, einen weiteren mit flüssigem Royal Icing füllen.

2 Mit dem weichen Royal Icing die Umrisse der Schachtel aufspritzen, kurz trocknen lassen. Dann mit dem flüssigen Royal Icing die Innenfläche ausfüllen. Mindestens 1 Stunde lang trocknen lassen. Die Schleifenfarbe auswählen und je einen Spritzbeutel mit weichem und flüssigem Royal Icing in der entsprechenden Farbe füllen. Die Umrisse aufspritzen und, wenn diese trocken sind, die Innenflächen ausfüllen. Ist das Royal Icing vollständig getrocknet, die Umrisse und Linien nochmals nachziehen.

FÜR DIE GEBURTSTAGSTORTEN

3 Mit der weißen Hintergrundfarbe beginnen. Die Umrisse mit weichem Royal Icing aufspritzen, trocknen lassen. Dann die Mitte mit flüssigem Royal Icing ausfüllen, trocknen lassen. Die Umrisse und Linien nochmals nachziehen.

4 Die Farben für die Verzierungen auswählen und die Spritzbeutel vorbereiten. Für die Streifen weiches Royal Icing verwenden; für Tupfen das weiche Royal Icing mit etwas Wasser verdünnen.

5 Die Torten mit Streifen und Tupfen verzieren und Kerzen auf die „Oberseiten“ spritzen.

Baby-Basics

Sollten Sie demnächst von Ihrer besten Freundin zur Babyparty eingeladen werden, so finden Sie hier bereits das perfekte Geschenk. Packen Sie Ihre Auswahl der in jeder Hinsicht süßen Babyartikel in eine schöne Geschenkdose aus Metall, ausgekleidet mit Seidenpapier und mit einer passenden Satinschleife umwunden, und das Herz der werdenden Mutter wird höher schlagen. Sofern noch nicht bekannt ist, ob es ein Mädchen oder ein Junge wird, können Sie eine Mischung aus Keksen mit rosafarbener, blauer und gelber Glasur herstellen.

FÜR 8 KEKSE

8 Vanillekekse (s. S. 10) z.B. in der Form eines Bausteins, einer Trinkflasche, eines Bodys, zweier Schühchen, eines Kinderwagens, eines Lätzchens, einer Rassel herstellen

300 g Royal Icing (s. S. 24)

Lebensmittelfarben (Rosa, Babyblau, Gelb)

ARBEITSMATERIAL

- **Schüsseln**
- **kleines Palettenmesser**
- **mehrere Papierspritzbeutel (s. S. 25)**

Zuerst die Farben und die Spritzbeutel vorbereiten. Benötigt werden 1 Beutel mit weichem Royal Icing in jeder Farbe, 2 Spritzbeutel mit flüssigem weißen Royal Icing, 1 Beutel mit flüssigem blauen Royal Icing und 1 kleiner Beutel mit flüssigem gelben Royal Icing.

HERSTELLUNG EINES BAUSTEINS

1 Mit dem weichen weißen Royal Icing eine weiße Umrisslinie aufspritzen.

2 Mit dem flüssigen weißen Royal Icing die Innenfläche ausfüllen und trocknen lassen.

3 Mit dem weichen blauen Royal Icing den Umriss nochmals aufspritzen, ebenso die Seiten des Steins sowie die Umrisse für die Buchstaben.

4 Mit flüssigem blauen Royal Icing die Innenflächen der Buchstaben ausfüllen und trocknen lassen.

HERSTELLUNG DES LÄTZCHENS

1 Mit dem weichen blauen Royal Icing die Umrisse der Schleife aufspritzen.

2 Mit weichem weißen Royal Icing die Umrisse für den Latz aufspritzen.

3 Mit dem flüssigen blauen Royal Icing die Innenfläche der Schleife ausfüllen. Trocknen lassen.

4 Mit flüssigem weißen Royal Icing die Innenfläche des Latzes ausfüllen. Trocknen lassen.

5 Mit dem weichen blauen Royal Icing die Umrisse der Schleife nachziehen.

6 Mit dem weichen weißen Royal Icing die Umrisse des Latzes nachzeichnen. Trocknen lassen.

„Gemischte Babykonfektion für Mädchen und Jungs."

HERSTELLUNG DES KINDERWAGENS

1 Mit dem weißen weichen Royal Icing die Umrisse des Verdecks aufspritzen.

2 Mit dem blauen weichen Royal Icing die übrigen Umrisse des Kinderwagens nachziehen.

3 Mit dem weißen flüssigen Royal Icing die Innenfläche des Verdecks ausfüllen.

4 Mit dem blauen flüssigen Royal Icing die Innenfläche des Kinderwagens ausfüllen. Trocknen lassen.

5 Mit dem weißen weichen Royal Icing die Umrisse nochmals nachziehen, die Räder und die Einzelheiten auf dem Verdeck aufspritzen. Trocknen lassen.

HERSTELLUNG DER TRINKFLASCHE

Mit weißem weichen Royal Icing die Umrisse der Flasche aufspritzen.

1 Mit dem blauen weichen Royal Icing die Umrisse des blauen Rings („Verschlusskappe") aufspritzen.

2 Mit dem gelben weichen Royal Icing die Umrisslinie des Saugers aufspritzen. Trocknen lassen.

3 Mit flüssigem Royal Icing der entsprechenden Farbe die Innenflächen ausfüllen. Trocknen lassen.

4 Die Umrisse der jeweiligen Teile nochmals mit dem entsprechenden Royal Icing nachziehen.

5 Mit dem weißen weichen Royal Icing eine Milliliterskala auf die Forderseite der Flasche spritzen. Trocknen lassen.

HERSTELLUNG DES BABYBODYS

Den Anleitungen für die Babyschühchen folgend (oben rechts), zunächst die Umrisse aufspritzen, dann die Innenfläche füllen und Tupfen aufspritzen. Zum Schluss nochmals die Umrisse nachziehen und Einzelheiten des Babybodys aufspritzen.

HERSTELLUNG DER BABYSCHÜHCHEN

1 Mit weißem weichen Royal Icing die Umrisse der Schühchen aufspritzen.

2 Mit dem weißen flüssigen Royal Icing die Innenflächen ausfüllen.

3 Solange das Royal Icing noch feucht ist, mit dem blauen flüssigen Royal Icing kleine Tupfen auf den Schühchen verteilen, damit sie in das weiße Royal Icing einsinken. Alles trocknen lassen.

4 Mit dem blauen weichen Royal Icing das blaue Band mit Schleife aufspritzen.

5 Mit dem weißen weichen Royal Icing nochmals die Umrisse der Schühchen aufspritzen. Trocknen lassen.

HERSTELLUNG DER RASSEL

Der Anleitung für die Babyschühchen folgend, zuerst die Umrisse aufspritzen, dann die Innenflächen füllen und Tupfen auf die Schleife spritzen. Zum Schluss nochmals die Umrisse und Einzelheiten der Schleife aufspritzen.

C
A
B

Schmetterlinge

Hier besteht die Herausforderung darin, die Schmetterlinge zu finden ... abgebildet ist hier nur eines der zahlreichen Beispiele dafür, wie ein hübsches Stück bedruckten Stoffs die Fantasie anregen und dazu verführen kann, etwas so Einfaches wie Schönes wie diese großartigen, kleinen Schmetterlinge anzufertigen. Passend für eine sommerliche Teeparty oder ein Picknick.

FÜR CA. 10 KEKSE

Lebensmittelfarbe (hier Pastellrosa)

300 g Royal Icing (s. S. 24)

10 Vanillekekse in Schmetterlingsform (s. S. 10)

ARBEITSMATERIAL

- **Schüsseln**
- **kleines Palettenmesser**
- **Papierspritzbeutel s. S. 25)**

1 Vorzubereiten sind: Ein Spritzbeutel mit weißem, weichen Icing für die Umrisse und den Körper, ein Spritzbeutel mit flüssigem pastellrosa Icing zum Ausfüllen der Innenfläche. Zum Spritzen kleiner Tupfen hellrosafarbenes, weiches Icing etwas mit Wasser verdünnen, bis es leicht flüssig ist; in einen dritten Spritzbeutel füllen.

2 Zuerst die weißen Umrisse der Flügel aufspritzen.

3 Sobald die Umrisse trocken sind, die Innenflächen der Flügel mit pastellrosa Royal Icing ausfüllen. Diese ca. eine halbe Stunde lang trocknen lassen.

4 Sobald die Flügel trocken sind, die Spitze des Spritzbeutels, der das weiße Royal Icing enthält, abschneiden, um sie etwas zu vergrößern und damit den Körper zwischen die Flügel zu spritzen, dabei oben beginnen und den Spritzbeutel nach unten ziehen.

5 Zum Schluss mit dem hellrosafarbenen, flüssigen Royal Icing kleine Tupfen über die gesamte Flügelfläche spritzen.

Keks-Laufsteg

Als wären Sie gerade zurückgekehrt von der letzten Modemesse in Paris oder Mailand, können Sie Ihren eigenen Laufsteg aus Keksen kreieren, um die neuesten Trends und Farben vorzuführen; Sie benötigen dafür lediglich einen Spritzbeutel und etwas entsprechend gefärbte Royal Icing.

FÜR 12 KEKSE

12 Schokoladenkekse (s. S. 10)

In der Form von Handtaschen, Kleidern und Schuhen

500 g Royal Icing (s. S. 24)

Lebensmittelfarben (Schokoladenbraun, Rosa)

ARBEITSMATERIAL

- **Schüssel**
- **kleines Palettenmesser**
- **mehrere Papierspritzbeutel (s. S. 25)**

Bereiten Sie zuerst die Farben und Spritzbeutel vor. Sie benötigen 1 Beutel mit weichem Royal Icing in jeder Farbe und 3–4 Spritzbeutel mit flüssigem Royal Icing in jeder Farbe.

HERSTELLUNG DER HANDTASCHEN

1 Mit dem weichen Royal Icing in der gewählten Farbe die Umrisse des Handtaschenkörpers aufspritzen.

2 Die Innenfläche mit dem flüssigen Royal Icing in der Farbe der Umrisslinie ausfüllen. Trocknen lassen.

3 Mit dem weichen Royal Icing in einer anderen Farbe nochmals die Umrisse aufspritzen und Details wie eine Schleife und den Handtaschengriff hinzufügen. Trocknen lassen.

HERSTELLUNG DER SCHUHE

1 Mit weichem Royal Icing in der gewählten Farbe die Umrisse des Schuhs aufspritzen.

2 Mit dem flüssigen Royal Icing derselben Farbe die Innenflache des Schuhs ausfüllen. Trocknen lassen.

3 Mit weichem Royal Icing derselben Farbe nochmals die Umrisslinie aufspritzen und Details wie eine Schleife oder ein Tupfenmuster aufspritzen. Für ein Tupfenmuster die Tupfen in den noch feuchten Untergrund spritzen (s. Babyschühchen, Seite 50); bei den Schleifen warten, bis die Grundfarbe getrocknet ist.

HERSTELLUNG DER KLEIDER

1 Dieselben Techniken wie oben verwenden, um die Umrisslinie aufzuspritzen und die Innenfläche auszufüllen.

2 Für Zweiteiler Oberteil und Rock getrennt voneinander mit weichem Royal Icing in zwei verschiedenen Farben aufspritzen.

3 Das Oberteil zuerst ausfüllen und trocknen lassen. Dann den Rock ausfüllen und ebenfalls trocknen lassen.

4 Die Umrisse nochmals aufspritzen und mit demselben Royal Icing kleine Details wie Kragen, Gürtel und Schleifen hinzufügen. Trocknen lassen.

5 Für Tupfenmuster die Tupfen in den noch feuchten Untergrund spritzen (s. Babyschühchen S. 50); für Kragen, Gürtel und Schleifen warten, bis der Untergrund getrocknet ist.

Schneeflocken

Diese funkelnden, kleinen Juwelen sind einfach herzustellen und geben Ihrem Weihnachtsfest einen zauberhaften Touch. Sie lassen sich in täuschend echte Christbaumdekorationen verwandeln, indem man vor dem Backen ein Loch in den Keks stößt, durch das man nachher ein Satinband zieht und die Schneeflocken an den Baum hängt.

FÜR 6 KEKSE
300 g Royal Icing (s. S. 24)
6 Lebkuchenkekse (s. S. 11) in Schneeflockenform
essbarer weißer Glitzer

ARBEITSMATERIAL
- **Schüsseln**
- **kleines Palettenmesser**
- **Papierspritzbeutel (s. S. 25)**

1 Bereiten Sie zuerst die Spritzbeutel vor. Füllen Sie einen Spritzbeutel mit weißem, weichen Royal Icing und zwei Spritzbeutel mit weißem, flüssigen Royal Icing.

2 Die Umrisse des Kekses einschließlich Mittelmuster mit dem weißen, weichen Royal Icing aufspritzen.

3 Mit dem weißen, flüssigen Royal Icing die Innenflächen ausspritzen.

4 Auf das noch feuchte Royal Icing großzügig weißen Glitzer sprenkeln, bis der Untergrund vollständig bedeckt ist. Trocknen lassen.

5 Vor Gebrauch überschüssigen Glitzer abschütteln.

Cupcakes

Cupcake-Garten

Wie der Name bereits andeutet, können diese Cupcakes mit jeder Art Blüten dekoriert werden. Stellen Sie eine Auswahl verschiedener Zuckerblüten her, siehe Seiten 26–27 (hier haben wir ausschließlich einfache fünfblättrige Blüten verwendet) und setzen Sie je eine auf jeden Cupcake. Als Blickfänger auf dem Tisch können einige dieser Cupcakes auf einer hübschen Etagere angeordnet und durch frische Blumen aus dem Garten oder dem Blumengeschäft aufgelockert werden.

FÜR 25 CUPCAKES

25 rosa Blüten mit 5 Blütenblättern (s. S. 26)

25 Schokoladen-Cupcakes (unter Verwendung der ½ Grundrezeptmenge für Victoria-Biskuit, (s. S. 12, gebacken in silbernen Förmchen)

150 ml reiner Zuckersirup (s. S. 15)

100 g Royal Icing (s. S. 24)

Lebensmittelfarbe (Grün)

ARBEITSMATERIAL

- **Backpinsel**
- **kleines Palettenmesser**
- **Papierspritzbeutel (s. S. 25)**
- **Schere**

1 Die Zuckerblüten einen Tag im Voraus herstellen, wie auf S. 26 beschrieben.

2 Mit einem Backpinsel die Oberflächen der Cupcakes mit Zuckersirup tränken.

3 Mit einem kleinen Palettenmesser die Cupcakes mit Schokoladen-Ganache überziehen. Fest werden lassen.

4 Eine Zuckerblüte auf jeden Cupcake setzen und mit einem Tropfen Ganache festkleben.

5 Royal Icing mit etwas grüner Lebensmittelfarbe mischen und in den Spritzbeutel geben. Ein „V“ in die Spitze des Beutels schneiden und einige Blätter um die Blüte herum spritzen (s. Blumenkörbchen S. 36).

Cupcakes mit Margeriten

Die Dekoration aus süßen Margeriten, die so rein und unschuldig aussehen, macht diese hübschen Cupcakes zur idealen Beigabe für Namenstagfeiern oder eine kleine Geburtstagsparty, aber auch als kleine Aufmerksamkeit für Menschen jeden Typs und Alters – vor allem fleißige Gärtner – sind sie bestens geeignet.

FÜR 12 CUPCAKES

Fertigen Sie die Zuckerblüten mindestens einen Tag im Voraus an

200 g weiße Blumenpaste

etwas weißes Pflanzenfett

Puderzucker zum Bestäuben

Lebensmittelfarbe (Gelb)

Zucker zum Eintauchen

etwas Royal Icing (s. S. 24)

12 Vanille-Cupcakes mit Fondantglasur (s. S. 19–23) in Pastellfarben

ARBEITSMATERIAL

- **kleines Plastikbrett**
- **PME-Ausstecher: Margerite**
- **kleines Palettenmesser**
- **Schaumpolster**
- **dünner Modellierstab oder Zahnstocher**
- **Künstlerpalette**
- **kleiner Rollstab**
- **Künstlerpinsel**
- **Papierspritzbeutel (s. S. 25)**

1 Die Paste mit etwas Pflanzenfett glatt und geschmeidig kneten.

2 Ein walnussgroßes Stück Paste auf einem Plastikbrett sehr dünn ausrollen. Falls die Paste droht, am Brett anzukleben, die Paste leicht mit Fett bestreichen.

3 Den Margeritenstecher fest in die Paste drücken und die Form ausstechen (1). Vorsichtig mit einem Palettenmesser anheben und auf das Schaumpolster legen.

4 Dünnen Modellierstab oder Zahnstocher sanft vor und zurück über jede Blüte rollen, um sie zu formen (2)

5 Eine Künstlerpalette mit Puderzucker bestäuben und die Blume in eine der Mulden legen. Die Mitte leicht mit dem Ende des Rollstabs herunterdrücken (3).

6 Ein kleines Kügelchen Blumenpaste mit einer Messerspitze gelber Lebensmittelfarbe färben und zu einer Kugel formen. Leicht mit Wasser einpinseln und in Zucker tauchen. Mit etwas Wasser in die Mitte der Margerite kleben. Den Vorgang wiederholen, bis 12 Margeriten entstanden sind. Über Nacht trocknen lassen.

DIE CUPCAKES VERZIEREN

7 Einen Tupfen Royal Icing oben auf jeden Cupcake spritzen und die Margerite darauf festkleben.

8 Zum Schluss kleine Tupfen aus weißem Icing über die Oberflächen verteilen.

Kaleidoskop-Cupcakes

Dieses Rezept verdanke ich meiner besten „Backpartnerin" Anne Schultes in Köln. Sie ist eine der kreativsten Kuchendekorateurinnen, die ich kenne. Während meiner ganzen Laufbahn war sie mir stets eine große Unterstützung. Vor einiger Zeit beschlossen wir, ein gemeinsames Motto auszubringen: „Born to bake and decorate!" (Geboren zum Backen und Dekorieren). Da diese Cupcakes sehr geometrische Verzierungen haben, mit geraden und doch verwirrenden Linien, haben sie sich als besonders beliebt bei männlichen Empfängern erwiesen und geben vielleicht auch für den Mann Ihres Lebens das ideale Geschenk ab.

FÜR 25 CUPCAKES

25 (Vanille oder Zitrone) Cupcakes (unter Verwendung ½ Grundrezeptmenge für Victoria-Biskuit, (s. S. 12, gebacken in silbernen Papierförmchen)

150 ml aromatisierter Zuckersirup (s. S. 15)

100 g Aprikosenkonfitüre, durch ein Sieb gestrichen

1,5 kg Fondantglasur (s. S. 20)

Lebensmittelfarben

300 g Royal Icing (s. S. 24)

ARBEITSMATERIAL

- **Backpinsel**
- **kleiner Topf**
- **kleines Palettenmesser**
- **Schüsseln**
- **Papierspritzbeutel (s. S. 25)**
- **Schere**

1 Mit einem Backpinsel die Oberseiten der Cupcakes mit dem Zuckersirup bestreichen.

2 Die Konfitüre in einem kleinen Topf zum Kochen bringen und mit einem Backpinsel eine dünne Schicht auf die getränkte Oberseite eines jeden Cupcakes streichen.

3 Fondantglasur in verschiedenen Farben zubereiten und die Cupcakes hineinstippen (s. S. 21). Trocknen lassen.

4 Den Spritzbeutel mit weichem, in der gewünschten Farbe gefärbten Royal Icing füllen. Geometrische Linien und Muster auf die Oberseite eines jeden Cupcakes, wie abgebildet, spritzen (s. auch die Grundspritztechniken auf S. 25).

5 Immer eine Farbe auf alle Cupcakes spritzen und trocknen lassen, bevor die nächste Farbe in einem anderen Muster darüber gespritzt wird.

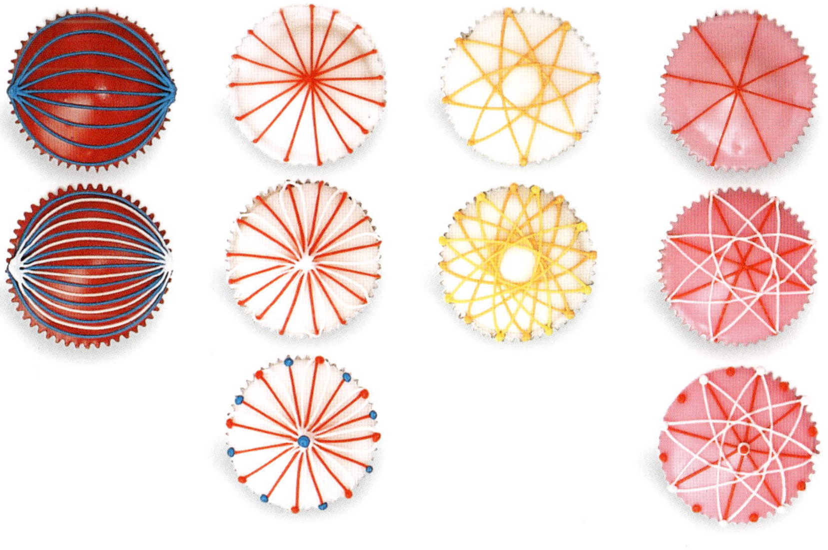

Bollywood-Kitsch

Wie der Name bereits verrät, inspirierten mich der Bollywood-Hype und Andrew Lloyd Webbers Glitter-Musical Bombay Dreams zu diesen funkelnden Juwelen.

FÜR CA. 30 FONDANT-TÖRTCHEN

30 Fondant-Törtchen (hergestellt wie auf den S. 22–23 beschrieben, unter Verwendung der Mengen für 1 Grundrezept Viktoria-Biskuit und Fondant in den Farben Hellrosa, Gelb, Orange, Türkis und lila)

15 kleine rosafarbene Marzipanrosen (s. S. 28)

45 kleine rosafarbene Marzipan-Rosenknospen (s. S. 28)

Rosafarbener und grüner essbarer Glitzer

100 g weiches Royal Icing (s. S. 24)

essbarer Goldpuder

1 EL klarer Alkohol (z. B. Wodka)

ARBEITSMATERIAL

- **ca. 30 goldene Papierförmchen**
- **kleines Palettenmesser**
- **mehrere Papierspritzbeutel (s. S. 25)**
- **Schere**
- **feiner Künstlerpinsel**

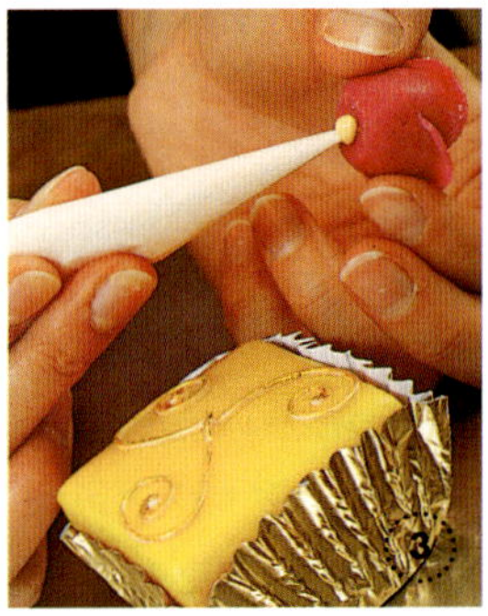

1 Die Fondant-Törtchen in goldene Papierförmchen geben.

2 Die Rosen, Rosenknospen und Blätter gemäß den Anleitungen auf S. 28 herstellen. Während das Marzipan noch feucht ist, die Blumen in den rosafarbenen, die Blätter in den grünen Glitzer tauchen.

3 Die weiche Royal Icing in einen Papierspritzbeutel geben und feine, geschwungene Linien und Tupfen auf die Oberseite der Fondant-Törtchen (1) spritzen. Trocknen lassen.

4 Etwas Goldpuder zu einer Paste mit einem Tropfen klaren Alkohols mischen und mit einem Künstlerpinsel die geschwungenen Linien und Tupfen damit bestreichen (2).

5 Die Rosen und Rosenblätter mit einem Tupfen Royal Icing in die Mitte eines jeden Törtchens kleben (3).

Süße Herzen

Diese glitzernden kleinen Herzen sind sehr leicht in der Herstellung und groß in der Wirkung. Überraschen Sie die Liebe Ihres Lebens mit diesem essbaren Beweis Ihrer Hingabe am Valentinstag, oder zieren Sie damit ein Verlobungs- oder Hochzeitsgeschenk.

FÜR CA. 30 STÜCK

30 Fondant-Törtchen in Herzform (hergestellt wie auf den S. 22–23 beschrieben, unter Verwendung von rotem und rosafarbenem Fondant-Icing)

essbarer roter und rosafarbener Glitzer

1 EL klarer Alkohol (z. B. Wodka)

ARBEITSMATERIAL

- **ca. 30 silberne Papierförmchen**
- **Backpapier**
- **Backpinsel**

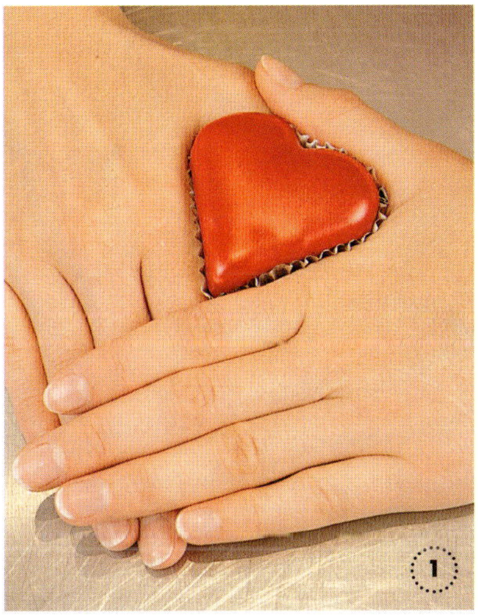

1 Solange die Fondantglasur auf den Törtchen noch etwas feucht ist, jedes Herz in ein silbernes Papierförmchen setzen, zwischen beiden Händen halten und das Papierförmchen an beide Seiten andrücken, bis es am Kuchen kleben bleibt (1).

2 Eine dicke Schicht jeder Glitzerart auf ein kleines Stück fettabweisenden Papiers sprenkeln.

3 Jedes rote Herz dünn mit klarem Alkohol bestreichen und in den roten Glitzer tauchen (2); den Vorgang mit den rosafarbenen Herzen und rosafarbenem Glitzer wiederholen.

Weihnachtsbäume

Diese kleinen Kunstwerke geben traditionellen Festivitäten eine moderne und elegante Facette. Der weiche Kontrast der glänzenden schneeweißen Bäume auf geeistem, tannengrünem Grund verleiht diesen Törtchen einen leichten, modernen Look. Auch umgekehrt, d.h. mit dunklen Bäumen auf hellem Grund, entsteht eine große Wirkung.

1

2

3

FÜR CA. 30 TÖRTCHEN

300 g Royal Icing (s. S. 24)

essbarer weißer Glitzer

30 Fondant-Törtchen, in 2,5 cm x 5 cm Rechtecke geschnitten (zubereitet wie auf den S. 22–23 beschrieben und unter Verwendung pastellgrüner Fondant-Icing)

ARBEITSMATERIAL

- **Bogen Cellophan**
- **kleine Menge pflanzliches Fett**
- **Vorlage mit kleinen Baumformen (s. S. 140)**
- **Papierspritzbeutel (s. S. 25)**
- **kleines Palettenmesser**

1 Die Bäume mindestens 2 Tage im Voraus aus Royal Icing herstellen. Den Cellophanbogen auf die Baumvorlage legen und mit der Hand eine sehr dünne Schicht Pflanzenfett darüber reiben, damit die Fondant Icing nicht anhaften kann.

2 Einen Spritzbeutel mit weicher Royal Icing und einen Spritzbeutel mit flüssiger Royal Icing füllen.

3 Mit der weichen Royal Icing zunächst die Umrisse der Bäume auf das Cellophan spritzen (1).

4 Die Innenflächen der Bäume mit der flüssigen Royal Icing ausfüllen (2) und, solange die Royal Icing noch feucht ist, weißen Glitzer über die Bäume sprenkeln (3).

5 An einem warmen Ort zwei Tage lang trocknen lassen.

6 Die getrockneten Bäume mit einem Palettenmesser vom Cellophan nehmen und mit einem Tupfen Royal Icing auf die Fondant-Törtchen kleben.

Riffel-Cupcakes mit Rosen

Diese herrliche, mädchenhafte Etagere habe ich in einem Kaufhaus auf der Durchreise in New York gesehen, und ich musste sie einfach haben. Das romantische Riffeldesign ergibt den perfekten Hintergrund für meine mit wilden Rosen verzierten Cupcakes, die ebenfalls in geriffelten Förmchen stecken.

FÜR CA. 25 CUPCAKES

25 Vanille-Cupcakes (hergestellt aus ½ Menge des Grundrezepts für Viktoria-Biskuit, s. S. 12, gebacken in weißen geriffelten Papierförmchen)

150 ml Vanille-Zuckersirup (s. S. 15)

500 g Vanille-Buttercreme (s. S. 14)

75 kleine altrosa Marzipanrosen (3 pro Cupcake, s. S. 28)

150 kleine, moosgrüne Marzipanblätter (6 pro Cupcake, s. S. 28)

ARBEITSMATERIAL

- **Backpinsel**
- **kleines Palettenmesser**

1 Mit einem Backpinsel die Oberseiten der Cupcakes mit Zuckersirup tränken.

2 Mit dem Palettenmesser die Oberflächen mit Buttercreme bestreichen.

3 Die Rosen und die Blätter auf die Oberseiten der Cupcakes drapieren, indem sie leicht in die Buttercreme gedrückt werden, um sie zu befestigen.

4 Am besten kommen diese Cupcakes auf einer schönen, altmodischen Etagere zur Geltung.

Schmetterlingstörtchen

Wenn Sie Ihrer Party einen besonderen, magischen Touch verleihen möchten, leisten diese köstlichen Schmetterlingstörtchen hervorragende Dienste. Sehen sie nicht aus, als wollten sie gleich davon fliegen? Sie sollten also ein Auge auf sie haben … Vielleicht wäre es besser, sie direkt zu verspeisen.

FÜR CA. 25 TÖRTCHEN

etwas Pflanzenfett

Lebensmittelfarben (Rosa, Orange, Gelb und Blau)

350 g Royal Icing (s. Seite 24)

25 kleine Fondant-Törtchen mit 4 cm Seitenlänge (hergestellt nach den Anleitungen auf den Seiten 22–23 – benötigt wird ½ Blech Victoria Grundbiskuit unter Verwendung von Fondant-Icing in verschiedenen Bonbonfarben)

ARBEITSMATERIAL

- **1 Bogen Frischhaltefolie**
- **Schmetterlingsvorlagen (s. S. 140–141)**
- **Mehrere Papierspritzbeutel (s. S. 25)**
- **dünner Karton**
- **Backpapier**
- **Schere**
- **kleines Palettenmesser**
- **25 silberne Cupcake-Förmchen**

Die Schmetterlinge mindestens 2 Tage im Voraus herstellen. Die Frischhaltefolie auf die Schmetterlingsvorlagen legen und eine sehr dünne Schicht Pflanzenfett mit den Händen auf der Oberfläche verreiben, damit der Fondant nicht anhaftet.

GELBER SCHMETTERLING

1 Die Farben mischen und die Spritzbeutel vorbereiten. Benötigt werden je 1 Spritzbeutel, mit weichem gelbem Royal Icing, mit weichem hellblauem Royal Icing sowie mit flüssigem gelbem Royal Icing.

2 Mit dem gelben weichen Royal Icing die Umrisse des Schmetterlings aufspritzen.

3 Mit dem flüssigen gelben Royal Icing die Innenflächen der oberen Flügel ausfüllen und trocknen lassen.

4 Mit demselben Royal Icing die Innenflächen der unteren Flügel ausfüllen und trocknen lassen.

5 Mit dem weichen hellblauen Royal Icing die kleinen blauen Tupfen wie dargestellt aufspritzen.

BLAUER SCHMETTERLING

1 Die Farben mischen und die Spritzbeutel vorbereiten. Benötigt werden je 1 Spritzbeutel mit weichem blauen Royal Icing, mit weichem grünen (Gelb mit Blau gemischt) Royal Icing sowie mit flüssigem blauen Royal Icing.

2 Mit dem weichen blauen Royal Icing die Umrisse des Schmetterlings aufspritzen.

3 Mit dem flüssigen blauen Royal Icing die Innenflächen der oberen Flügel ausfüllen und trocknen lassen.

4 Mit demselben Royal Icing die Innenflächen der unteren Flügel ausfüllen und trocknen lassen.

5 Mit dem weichen blauen Royal Icing die kleinen blauen Tupfen wie dargestellt aufspritzen.

1

2

GRÜNER SCHMETTERLING

1 Die Farben mischen und die Spritzbeutel vorbereiten. Benötigt werden je 1 Spritzbeutel mit weichem hellgrünen Royal Icing, mit flüssigem hellgrünen Royal Icing sowie mit flüssigem hellgrünen Icing.

2 Mit dem weichen hellgrünen Royal Icing die Umrisse des Schmetterlings aufspritzen.

3 Mit dem flüssigen hellgrünen Royal Icing die Innenflächen der oberen Flügel ausfüllen und trocknen lassen.

4 Mit dem flüssigen hellgrünen Royal Icing die Innenflächen der unteren Flügel ausfüllen und trocknen lassen.

ORANGEFARBENER SCHMETTERLING

1 Die Farben mischen und die Spritzbeutel vorbereiten. Benötigt werden je 1 Spritzbeutel mit weichem gelben Royal Icing, mit flüssigem gelben Royal Icing sowie mit flüssigem orangefarbenen Royal Icing.

2 Mit dem gelben weichen Royal Icing die Umrisse des Schmetterlings aufspritzen.

3 Mit demselben Royal Icing eine Innenlinie ziehen, sodass zwischen Außen- und Innenlinie eine Lücke entsteht (s. Abbildung).

4 Mit dem flüssigen orangefarbenen Royal Icing die Hauptinnenflächen der Flügel ausfüllen. Trocknen lassen.

5 Mit dem flüssigen gelben Royal Icing die Lücke zwischen den Flügellinien füllen und die Tupfen aufspritzen. Trocknen lassen.

FERTIGSTELLUNG

1 Für jeden Schmetterling Fühler auf ein Stück Backpapier spritzen.

2 Alles mindestens 2 Tage lang an einem warmen, trockenen Ort trocknen und fest werden lassen.

3 Dünne Kartonstücke zu einem „V“ formen und mit Backpapier auskleiden, um die Flügel beim Zusammenkleben zu unterstützen (1).

4 Eine kleine Linie aus Royal Icing in der Farbe des Schmetterlings in den Papierfalz spritzen (2). Die Flügel mit einem kleinen Palettenmesser aufnehmen und jeweils auf die Seiten der V-Form legen (3). Die Schmetterlinge in dieser Position mindestens 3 Stunden lang trocknen lassen.

5 Die Fondant-Törtchen in silberne Cupcake-Förmchen stecken und jeweils einen Schmetterling mit einem Tupfen steifem Royal Icing auf die Oberseite kleben (4, 5).

6 Mit weichem Royal Icing in den entsprechenden Farben einen Kopf und einen Körper zwischen die Flügel spritzen (6) und jeweils zwei Fühler vorsichtig an den Kopf kleben (7).

4

5

6

7

Mini-Torten

Stiefmütterchentöpfe

Meine Eltern, beide passionierte Hobbygärtner, waren zweifellos die Inspiration für diese kleinen, bewundernswerten Kuchen, da Stiefmütterchen zu ihren absoluten Lieblinsblumen gehören. Sooft ich im Frühling zu ihnen nach Hause komme, ist unser Garten ein Blütenmeer leuchtender Stiefmütterchenfarben. Es lag daher auf der Hand, dass ich diese Eindrücke in ein köstliches Geschenk an meine Eltern verwandeln würde. Diese Kuchen sollten mindestens einen Tag vor Verwendung hergestellt werden. Die Stiefmütterchen können weit im Voraus hergestellt werden, da sie wochenlang halten.

FÜR 12 KUCHEN

Butter und Mehl zum Auskleiden der Förmchen

¼ der Rezeptmenge für Schokoladenbiskuit (s. S. 10)

100 ml unaromatisierter Zuckersirup (s. S. 15)

500 g weiße Zuckerpaste

Lebensmittelfarben (Braun, Orange, Rosa, Gelb, Violett, Moosgrün)

1 TL Tylosepulver (s. Schritt 6)

300 g weiße Blumenpaste

etwas festes Pflanzenfett

50 g Aprikosenkonfitüre, durch ein Sieb gestrichen

250 g Zuckerpaste mit Schokoladenaroma

100 g Royal Icing (s. S. 24)

ARBEITSMATERIAL

- **Pastetenformen (Timbales)**
- **Kuchengitter**
- **Backpinsel**
- **Frischhaltefolie**
- **kleines Plastikbrett**
- **Ausstecher für Stiefmütterchen-Blütenblätter und Blätter**
- **Schaumpolster**
- **Modellierstab (Knochen)**
- **feiner Künstlerpinsel**
- **kleine Farbpalette**
- **Lebensmittelfarbenstift (schwarz)**
- **kleiner Rollstab**
- **kleines Küchenmesser**
- **Prägematte Blatt**
- **Papierspritzbeutel s. S. 25)**

1 Biskuit backen: Backofen auf 180 °C vorheizen. 12 Pastetenformen mit Butter einfetten und dann mit Mehl bestäuben, Überschuss herausschütteln.

2 Die Biskuitmischung wie auf Seite 10 beschrieben herstellen und dann mit dem Löffel in die Pastetenformen geben, bis diese zur Hälfte gefüllt sind.

3 Im vorgeheizten Ofen ca. 15 Minuten lang backen. Die Kuchen etwas auf dem Kuchengitter abkühlen lassen und dann aus den Formen stürzen (1).

4 Herstellung der Blumentöpfe: sobald das Biskuit abgekühlt ist, die Oberseiten des Biskuits unter Verwendung eines Backpinsels mit Zuckersirup tränken, Biskuits in Frischhaltefolie einwickeln und mindestens 2 Stunden kalt stellen, damit sie fest werden.

5 Die weiße Zuckerpaste mit etwas brauner und orangefarbener Lebensmittelfarbe mischen, bis eine schöne Tonfarbe erreicht ist.

6 Das Tylosepulver hinein mischen (Tylose ist ein Härter, der

die Paste auch flexibler und formfester macht), in Frischhaltefolie einwickeln und mindestens eine halbe Stunde lang ruhen lassen.

7 Während die Paste ruht, die Stiefmütterchen herstellen. Hierfür die weiße Blumenpaste in 7 Stücke aufteilen. Ein Stück weiß lassen und die anderen Stücke jeweils gelb, moosgrün, in zwei rosa Farbtöne und violett färben. Diejenigen, die nicht sofort verwendet werden, in Frischhaltefolie einwickeln, damit sie nicht austrocknen.

8 Plastikbrett mit einer dünnen Schicht Pflanzenfett einreiben, damit die Blumenpaste nicht am Brett haften bleibt.

9 Eine gefärbte Paste sehr dünn ausrollen und mit dem entsprechenden Ausstecher die Blütenblätter der Stiefmütterchen ausstechen. Für eine Blüte werden 2 große und 2 kleine tropfenförmige Blütenblätter sowie 1 großes Basis-Blütenblatt benötigt.

10 Die Blütenblätter auf ein Schaumpolster legen und mit dem Knochen-Modellierstab die Ränder glätten (4).

11 Die Blütenblätter zu Blüten arrangieren, indem 2 kleine Blütenblätter leicht überlappend nebeneinander gelegt und dort, wo sich die Seiten überlappen, mit etwas Wasser zusammengeklebt werden. Die beiden großen Blütenblätter links und rechts unterhalb der kleinen Blütenblätter so auflegen, dass sie die oberen überlappen und sich an den Seiten berühren. Zum Schluss das große Basis-Blütenblatt mit etwas Wasser aufkleben (5) und leicht mit einem Pinselende oder einem spitzen Modellierstab genau in die Mitte schieben (6).

12 Die Blüte zum Trocknen in die Mulde einer kleinen Farbpalette legen (7). Den Vorgang für alle Blüten wiederholen; Pro Topf werden 6 Blüten benötigt.

13 Abhängig von der Stärke der Paste, die Blüten mindestens 2–4 Stunden trocknen lassen.

14 Sobald die Blüten trocken sind, mit einem Lebensmittelfarbenstift feine, schwarze Linien in die Mitte der Blüten zeichnen.

15 Wenn die Biskuits abgekühlt sind, in einem kleinen Topf die Konfitüre zum Kochen bringen, die Biskuits stürzen und die Seiten und Oberflächen mit Konfitüre einpinseln.

16 Die tonfarbene Paste auf ca. 3 mm Stärke ausrollen und dann über die gestürzten Biskuits legen. Mit dem Küchenmesser überschüssige Paste abschneiden und die überzogenen Kuchen mindestens 4 Stunden fest werden lassen, bis sich die Paste fest anfühlt (1).

17 Die Kuchen wieder umdrehen. Etwas mehr tonfarbene Paste auf dieselbe Stärke wie vorher ausrollen, und 12 Streifen von je 1 cm Breite und ca. 15 cm Länge ausschneiden (sie trocknen sehr schnell aus, weshalb immer an 3 oder 4 zugleich gearbeitet werden sollte).

18 Die Oberkante eines jeden Topfes mit etwas Wasser bestreichen und den Tonstreifen darum herum kleben (2). Wenn der Streifen zu lang ist, den Überstand mit einem kleinen Messer abschneiden.

19 Ein Stück Zuckerpaste mit Schokoladenaroma zu einer Kugel rollen und in eine leichte Kuppelform bringen, die groß genug ist, um das Biskuit, das im Topf immer noch zu sehen ist, abzudecken.

20 Mit heißer Konfitüre bestreichen und auf das Biskuit kleben (3).

21 Bevor die Blüten in den Topf geklebt werden, die Blätter herstellen. Hierfür etwas Blumenpaste mit moosgrüner Lebensmittelfarbe mischen und sehr dünn ausrollen.

22 Die Blätter mit einem Blattstecher aus Metall ausstechen und auf das Schaumpolster legen.

23 Mit dem Knochen-Modellierstab die Ränder glätten und mit der Prägematte die Blattadern aufdrücken (8).

24 Mit Tupfen aus Royal Icing die Blüten und Blätter oben auf die Blumentöpfe kleben. Während die Blumen noch weich sind, die Blätter formen und darauf achten, dass zwischen Blüten und Blättern fast keine Lücken bestehen (9).

1

2

3

4

system 3 DALER-ROWNEY
5

6

7

8

9

„Unser Garten fließt über von leuchtenden Farben."

Mini-Hochzeitstorte mit Teerosen

Mini Hochzeitstorten sind eine moderne Facette der traditionellen Hochzeitstorte und eignen sich sehr gut für kleinere Hochzeitsfeiern. Anstatt eine große Torte zu zerschneiden, können Braut und Bräutigam ihren Gästen individuell gestaltete Torten servieren. Die hier vorgeführte Torte reflektiert das entzückende Porzellangeschirr, auf dem sie serviert wird. Bereiten Sie die Torte mindestens einen Tag im Voraus zu. Die Blumen können lange vor Gebrauch hergestellt werden, da sie wochenlang halten.

FÜR 6 MINI-TORTEN

1 Blech Biskuit (30 x 40 cm(unter Verwendung der Grundrezeptmenge für 1 Victoria-Biskuit, nach Geschmack aromatisiert und getränkt (s. S. 12)

100 g Aprikosenkonfitüre, durch ein Sieb gestrichen

Puderzucker zum Bestäuben

500 g weiße Zuckerpaste

50 g Zuckerpaste

Lebensmittelfarbe (Violett)

50 g Royal Icing (s. S. 24)

essbares Goldpuder

1 TL klarer Alkohol (z. B. Wodka)

30 Minirosen aus Zuckerpaste, altrosa gefärbt (s. S. 26–29)

36 Rosenblätter aus moosgrüner Zuckerpaste (s. S. 26–29)

ARBEITSMATERIAL

- **Frischhaltefolie**
- **runde Gebäckausstecher (∅ 7,5 cm und 3,5 cm)**
- **kleiner Topf**
- **Backpinsel**
- **kleiner Rollstab**
- **Führungsschienen (5 mm)**
- **Kuchenglätter**
- **kleines Küchenmesser**
- **Backpapier**
- **kleines Plastikbrett**
- **Mini-Blütenstecher**
- **Modellierstab, Knochenform**
- **Papierspritzbeutel (s. S. 25)**
- **feiner Künstlerpinsel**

1 Das getränkte Biskuit in Frischhaltefolie einwickeln und mindestens zwei Stunden lang kalt stellen, bis es fest ist.

2 Mit runden Gebäckausstechern von 7,5 cm bzw. 3,5 cm Durchmesser je 6 runde Stücke aus dem fest gewordenen Biskuit ausstechen.

3 Konfitüre in einem kleinen Topf zum Kochen bringen und mit einem Backpinsel jedes Stück ganz mit heißer Konfitüre bestreichen.

4 Auf einer mit Puderzucker bestäubten Arbeitsoberfläche die weiße Zuckerpaste unter Verwendung der Führungsschienen auf 5 mm Stärke ausrollen und jedes ausgestochene Stück mit Paste überziehen (s. S. 17).

5 Mit den Kuchenglättern die Oberflächen glätten.

6 Überschüssige Paste mit einem kleinen Küchenmesser abschneiden,

die Kuchen auf einen Bogen Backpapier setzen und einen Tag lang fest werden lassen.

7 Für die lila Blüten die Zuckerpaste mit etwas violetter Lebensmittelfarbe färben. Dünn auf einem mit Puderzucker bestäubten Plastikbrett ausrollen. Die Blüten mit einem Mini-Blütenausstecher ausstechen und mit dem Knochen-Modellierstab wie abgebildet formen. Über Nacht trocknen lassen.

8 Einen kleinen Tupfen Royal Icing jeweils in die Mitte der größeren Torten spritzen und die kleinere Torte darauf setzen. Eine Bordüre (s. S. 25) um die Unterseite jeder Etage spritzen und trocknen lassen.

9 Etwas Goldpuder mit etwas klarem Alkohol zu einer Paste mischen und die Bordüre mit einem feinen Pinsel damit bestreichen.

10 Die lila Blüten, Mini-Rosen und Blätter mit kleinen Tupfen Royal Icing auf die Torte kleben.

Konfektdöschen

In diesen hübschen Döschen aus Zuckerpaste lässt sich Konfekt für besondere Gelegenheiten aufbewahren. Zu dem Design hat mich mein Lieblingsporzellan, Follement von Christian Lacroix, inspiriert. Mit ihren geschwungenen Goldlinien wirken sie wie kleine Schatzkästchen. Für diese Linien werden gute Spritzfertigkeiten und viel Geduld benötigt. Wer Sorge hat, mit diesem Muster überfordert zu sein, sollte ein schlichteres Muster wählen. Zum Beispiel können Sie die gesamte Dose mit einer einzigen Farbe bestäuben und als Deckelgriff eine Marzipanrose (s. S. 29) verwenden.

FÜR 6 DOSEN

Dosen mindestens 3 Tage vor Verwendung herstellen.

300 g weiße Zuckerpaste

1 TL Tylosepulver (s. S. 83)

1 Eiweiß

Puderzucker zum Bestäuben

etwas Pflanzenfett

essbares Farbpuder (Gold, Lila, Blau, Grün und Gelb)

etwas klarer Alkohol wie z. B. Wodka oder Gin

etwas Royal Icing (s. S. 24)

ARBEITSMATERIAL

- **Frischhaltefolie**
- **runde Flasche oder Dose**
- **etwas Karton**
- **kleiner Rollstab**
- **Führungsschienen**
- **kleines Küchenmesser**
- **mehrere feine Künstlerpinsel**
- **Tablett**
- **runde Gebäckausstecher**
- **Papierspritzbeutel (s. S. 25)**

1 Zuckerpaste mit Tylosepulver vermischen, um Modellierpaste herzustellen. In Frischhaltefolie einwickeln und 15 Minuten lang ruhen lassen.

2 Eine Flasche auswählen die sich gut als Modell eignet. Ein rechteckiges Stück Karton mit ca. 6 cm Breite und lang genug, um es um die Flasche zu wickeln, ausschneiden. Mithilfe der Führungsschienen ein Stück Paste auf eine Stärke von 3 mm ausrollen und unter Verwendung der Vorlage ein Stück Paste ausschneiden (1). Das Ende des Streifens leicht mit Eiweiß bestreichen. Die Paste mit Puderzucker bestäuben und um die Flasche wickeln (2). Die Enden vorsichtig zusammendrücken, sodass sie aneinander kleben. Auf ein mit Puderzucker bestäubtes Tablett legen. Die Flasche vorsichtig entfernen und den Zylinder über Nacht trocknen lassen.

3 Für den Deckel ein weiteres Stück Modellierpaste derselben Stärke ausrollen und mit einem Gebäckausstecher einen Kreis geeigneter Größe ausstechen. Über Nacht trocknen lassen.

4 Für die Griffe ein Stück Paste zu einer kleinen Wurst rollen und in Bögen und Schwünge formen. Über Nacht trocknen lassen.

5 Am nächsten Tag ein kleines Stück Paste wie zuvor ausrollen. Den Rand an einem Ende des Zy-

linders mit etwas Eiweiß bestreichen und den Zylinder mit dieser Seite fest auf das ausgerollte Stück Paste drücken, sodass er festklebt. Mit einem Messer um die Kante herum schneiden; nun hat die Dose einen Boden (3). Die Dose mit dem Boden nach unten auf ein mit Puderzucker bestäubtes Tablett setzen, über Nacht trocknen lassen.

6 Am nächsten Tag einen Spritzbeutel mit weicher Royal Icing füllen und Schwünge und Wellenlinien auf die Dose und den Deckel spritzen (4). Eine Stunde lang trocknen lassen.

7 Sobald die Paste trocken ist, mit einem feinen Pinsel eine dünne Schicht Pflanzenfett auf die Flächen aufbringen, die gefärbt werden sollen. Mit einem anderen, sauberen Pinsel die gefetteten Flächen mit essbarem Farbpulver bestäuben (5).

8 Etwas Goldpuder mit einem Tropfen Alkohol zu einer Paste mischen. Damit die gespritzten Linien und den Griff bestäuben (6).

9 Die Griffe mit etwas Fett bepinseln und mithilfe eines dicken Pinsels mit Goldpuder bestäuben (6).

10 Einen Tupfen Royal Icing in die Mitte des Deckels spritzen und den Griff darauf festkleben. Zwei Stunden lang trocknen lassen.

Wirbeltörtchen

Die Anregung zu diesen verrückten kleinen Partytörtchen erhielt ich durch einen ultra-coolen Stoff, der im Schaufenster eines Ladens in meiner Nachbarschaft meine Blicke auf sich zog. Ich stelle oft fest, dass Dekore auf Stoffen, Tapeten oder z. B. einem Porzellanservice eine hervorragende Quelle der Inspiration sind. Mit Begeisterung laufe ich durch Dekorations- und Porzellangeschäfte in der Hoffnung, neue Anregungen zu finden. Diese Küchlein sind einfach herzustellen und eignen sich für Einsteiger; auch Kinder können dabei helfen.

FÜR CA. 12–15 TÖRTCHEN

1 Blech Schokoladenbiskuit (30 x 40 cm), unter Verwendung 1 Grundrezeptmenge für Victoria-Biskuit (s. S. 12)

250 ml Zuckersirup, nach Belieben aromatisiert (s. S. 15)

250 ml Schokoladen-Ganache (s. S. 15)

Puderzucker zum Bestäuben

750 g Zuckerpaste mit Schokoladenaroma

300 g weiße Zuckerpaste

Lebensmittelfarben

100 g weiches Royal Icing (s. S. 24)

ARBEITSMATERIAL

- **Brotmesser und kleines Küchenmesser**
- **Backpinsel**
- **Frischhaltefolie**
- **einige runde Gebäckausstecher**
- **kleines Palettenmesser**
- **Rollstab**
- **Führungsschienen (5 mm)**
- **Kuchenglätter**
- **Satinbänder in verschiedenen Farben (10 mm breit)**
- **Schere**

1 Biskuit zurechtschneiden und mithilfe eines Backpinsels mit Sirup bestreichen. In Frischhaltefolie einwickeln und ca. 2 Stunden lang kalt stellen, bis es fest ist.

2 Sobald es fest ist, mit den Gebäckausstechern eine Auswahl runder Minitorten in verschiedenen Größen ausstechen.

3 Mit Hilfe des Palettenmessers jeden Kuchen dünn mit der Schokoladen-Ganache bestreichen.

4 Auf einer mit Puderzucker bestäubten Oberfläche die Schokoladenpaste mit dem Rollstab unter Zuhilfenahme der Führungsschienen ausrollen.

5 Jeden Kuchen gemäß der Anleitung auf Seite 17 mit Paste überziehen und Überstände mit dem Küchenmesser abschneiden.

6 Mit den Kuchenglättern die Seiten und die Oberseite der Kuchen glätten.

7 Die weiße Zuckerpaste mit den gewählten Farben mischen. Jede Farbe sehr dünn ausrollen und mit den Gebäckstechern verschiedene Ringe und Kreise ausstechen.

8 Diese auf der Oberseite der Kuchen anordnen, sodass verschiedene Designs entstehen; die Paste mit etwas Royal Icing festkleben.

9 Einige Ringe mit Rändern aus weißem Royal Icing versehen.

10 Satinbandstücke in den zur Dekoration passenden Farben ausschneiden und an den Unterkanten der Törtchen mit Tupfen aus Royal Icing festkleben.

Miniatur-Hochzeitstorte

Als Spezialistin für Hochzeitstorten ist mir gleich bei den ersten Bestellungen aufgefallen, dass Bräute sich zwar noch immer etwas Traditionelles wünschen – jedoch mit einem modernen Touch. Da das hier vorgestellte Design sowohl für eine große Etagentorte als auch für kleine Törtchen als individuelles Geschenk verwendet werden kann, ist es kein Wunder, dass es zu einem meiner Bestseller geworden ist. Ein weiterer Vorteil dieser Torte besteht darin, dass Sie Ihren Gästen eine Auswahl verschiedener Geschmacksrichtungen anbieten können.

Am besten werden so viele Bestandteile dieses Rezepts wie möglich im Voraus zubereitet: Versuchen Sie, die oberste Etage und die Minitorten 2 Tage, die Zuckerblumen 1 Tag, und die Schokoladen-Ganache ½ Tag im Voraus herzustellen.

FÜR CA. 80 MINI-TORTEN UND EINE TORTE FÜR DIE OBERSTE ETAGE (∅ 15 CM)

1 Blech Biskuit mit Orangenaroma (30 x 40 cm), unter Verwendung 1 Grundrezeptmenge für Victoria-Biskuit (s. S. 12)

1 Blech Biskuit mit Zitronenaroma (30 x 40 cm), unter Verwendung 1 Grundrezeptmenge für Victoria-Biskuit (s. S. 12)

1 runder Schokoladenbiskuit (∅ 15 cm), unter Verwendung ½ Grundrezeptmenge für Victoria-Biskuit (s. S. 12)

150 ml Zuckersirup (s. S. 15), aromatisiert mit der fein geriebenen Schale und dem Saft 1 unbehandelten Orange und Grand Marnier

100 g Orangenmarmelade

150 g Buttercreme mit Orangenaroma (s. S. 14)

150 ml Zuckersirup (s. S. 15), aromatisiert mit fein geriebener Zitronenschale, Zitronensaft und Limoncello

150 g Zitronenaufstrich

150 g Buttercreme mit Zitronenaroma (s. S. 14)

100 ml unaromatisierten Zuckersirup (s. S. 15)

250 g Schokoladen-Ganache (s. S. 15), aromatisiert mit Pfefferminzlikör

450 g weißes Marzipan

5 kg weiße Zuckerpaste

150 g Aprikosenkonfitüre, durch ein Sieb gestrichen

250 g Royal Icing (s. S. 24)

Puderzucker zum Bestäuben

80 Blüten mit je 5 Blütenblättern (s. S. 26–27) in zwei verschiedenen Rosa-Tönen

Lebensmittelfarbe (Grün)

ARBEITSMATERIAL

- **großes, gezacktes Messer**
- **Backpinsel**
- **Frischhaltefolie**
- **runde Kuchenpappe (∅ 15 cm)**
- **runder Gebäckausstecher (∅ 5 cm)**
- **große Tabletts**
- **großer Rollstab**
- **Führungsschienen (5 mm)**
- **15 m Satinband (15 mm breit), in zwei Rosa-Tönen**
- **kleiner Topf**
- **Küchenmesser**
- **Kuchenglätter**
- **Backpapier**
- **Papierspritzbeutel (s. S. 25)**
- **Etagere mit 4 Etagen (aus Plexiglas) – versuchen Sie, eine bei ihrem Konditor zu mieten)**
- **hellrosa Rosen und 25 altrosa Rosen und einige weitere Blütenblätter zum Dekorieren**

1 Sobald die Biskuits abgekühlt sind, die obere Kruste mit einem scharfen Messer abschneiden.

2 Für die Orangentörtchen den Orangenbiskuit in zwei Hälften schneiden und die Oberflächen mit Orangen-Zuckersirup tränken. Eine Lage mit Orangenmarmelade und dann mit Orangen-Buttercreme bestreichen, die andere Lage darauf legen. In Frischhaltefolie wickeln und mindestens 1 Stunde lang kalt stellen.

3 Für die Zitronentörtchen den Zitronenbiskuit in zwei Hälften schneiden und die Oberflächen mit Zitronen-Zuckersirup tränken. Eine Lage mit Zitronenaufstrich und dann mit Zitronen-Buttercreme bestreichen, die andere Lage darauf legen. In Frischhaltefolie wickeln und mindestens 1 Stunde lang kalt stellen.

4 Für die oberste Etage (große Torte, ∅ 15 cm) das runde Schokoladenbiskuit in 3 Böden schneiden und jeden mit unaromatisiertem Zuckersirup tränken.

5 Die Torte zusammensetzen und mit der Schokoladen-Ganache überziehen. Mindestens 1 Stunde lang kalt stellen.

6 Sobald die Ganache fest ist, die nun große Schokoladentorte (15 cm) mit einem Tupfen Ganache auf der Kuchenpappe ankleben und nochmals mit Ganache überziehen, bis die Ganache gleichmäßig und glatt ist. Nochmals kalt stellen.

7 Die gekühlten Orangen- und Zitronenbiskuits aus dem Kühlschrank nehmen und mit dem Gebäckausstecher (∅ 5 cm) Kreise ausstechen. Jedes Blech sollte ca. 40 Kreise ergeben. Auf ein Tablett stellen, in Frischhaltefolie einwickeln und wiederum kalt stellen.

8 Für die oberste Etage: Den Schokoladenkuchen aus dem Kühlschrank nehmen und mit einer dünnen Schicht Schokoladen-Ganache überziehen. Dann die Torte mit Marzipan und dann mit 500 g weißer Zuckerpaste überziehen (s. S. 17). Alles einen Tag lang fest werden lassen.

9 Sobald alles fest ist, etwas dunkelrosa Satinband um die Seiten legen und mit einem Tupfen Royal Icing befestigen.

10 Für die Törtchen: Die Aprikosenkonfitüre in einem kleinen Topf zum Kochen bringen. Die Törtchen aus dem Kühlschrank nehmen und mit Konfitüre bestreichen.

11 Auf einer mit Puderzucker bestäubten Oberfläche der Führungsschienen etwas weiße Zuckerpaste ausrollen.

12 Jedes Törtchen mit Zuckerpaste bedecken und Überschüsse abschneiden. Mit Kuchenglättern die Oberseite glätten. Die Törtchen auf ein mit Backpapier ausgekleidetes Tablett setzen und über Nacht fest werden lassen.

13 Sobald die Törtchen fest sind, ein kleines Stück Satinband um die Unterseite legen und mit etwas Royal Icing festkleben. Für jede Geschmacksrichtung jeweils dieselbe Farbe verwenden, damit sie beim Servieren unterschieden werden können.

14 Eine Blüte mit 5 Blütenblättern in einer zum Satinband passenden Farbe mit einem Tupfen Royal Icing auf jedem Törtchen festkleben.

15 Etwas Royal Icing mit grüner Lebensmittelfarbe mischen, die Spitze eines Papierspritzbeutels in „V"- Form schneiden und kleine Blätter um jede Blüte spritzen.

16 Die große Torte (∅ 15 cm) auf die oberste Etage der Etagere stellen. Die kleinen Törtchen auf den Etagen darunter anordnen, dabei einige Lücken für frische Rosen lassen.

17 Frische Rosen und Blütenblätter über die Etagere und die oberste Torte verteilen.

Schokoladen-Kanapees

Ich hatte den Wunsch, ein kosmopolitisches Kuchendesign zu entwerfen, dass sowohl als süßes Kanapee bei Cocktail Partys als auch als Petit Four zum Nachtisch gereicht werden kann. Diese kleinen, gestreiften Vierecke sind absolut stylisch und entfalten ihre Wirkung am Besten angerichtet auf einer schlichten Platte. Die Kanapees sollten am Herstellungstag verzehrt werden.

ERGIBT 120 STÜCK
(60 in der jeweiligen Farbkombination)

1 Blech Biskuit (30 x 40 cm), unter Verwendung 1 Grundrezeptmenge für Victoria-Biskuit, nach Geschmack aromatisiert und getränkt (s. S. 12)

150 ml unaromatisierter Zuckersirup (s. S. 15)

150 g Schokoladen-Ganache (s. S. 15), aromatisiert mit Pfefferminzlikör

400 g weiße Zuckerpaste

Lebensmittelfarben (Gelb, Orange, Blau)

200 g Zuckerpaste mit Schokoladenaroma

Puderzucker zum Bestäuben

ARBEITSMATERIAL

- **Frischhaltefolie**
- **großes Palettenmesser**
- **kleiner Rollstab**
- **Küchenmesser**
- **kleines Plastikbrett**

1 Das getränkte Biskuit in Frischhaltefolie wickeln und 2 Stunden lang zum Festwerden kalt stellen.

2 Sobald das Biskuit fest ist, mit Hilfe eines Palettenmessers eine dünne Schicht Schokoladen-Ganache darüber streichen.

3 Die weiße Zuckerpaste in 4 gleiche Teile aufteilen und gelb, orange, blau und grün färben (Gelb und Blau mischen, um Grün zu erhalten).

4 Die Schokoladenpaste auf 5 mm Stärke ausrollen und in dünne Streifen von 2–3 mm Breite schneiden. Den Vorgang mit den gefärbten Pasten wiederholen (1).

5 Die dargestellten Farbkombinationen sind Schokolade, Orange und Gelb sowie Schokolade, Grün und Blau. 2 verschiedene Farbkombinationen herstellen. Das Biskuit in zwei Hälften schneiden und jede mit einer anderen Farbe überziehen. Jeweils ein Törtchen zugleich herstellen, dabei die Streifen in abwechselnden Farben nebeneinander auf einem mit Puderzucker bestäubten Plastikbrett anordnen (2). Mit einem Rollstab sehr dünn ausrollen, sodass die Paste groß genug ist, um die halbe Biskuitlage zu bedecken. Indem die Streifen dicht nebeneinander ausgerollt werden, kleben sie zusammen (3).

6 Die Ränder des Biskuits und der Paste versäubern.

7 Mit einem feuchten, scharfen Küchenmesser jedes Biskuit in Vierecke mit 2,5 cm Seitenlänge schneiden.

Gestreifte Rosentörtchen

Schicke Streifen und Bonbonrosa sind moderner denn je und verwandeln diese hübschen Gebäckstücke in „Haute Couture"-Törtchen. Kürzlich habe ich diese Törtchen für eine Freundin hergestellt und zur Abwechslung Streifen in lebhaften Regenbogenfarben verwendet – sie waren der Hit.

FÜR CA. 15 TÖRTCHEN

Die Törtchen sollten mindestens einen Tag im Voraus hergestellt werden.

½ Blech Biskuit (30 x 40 cm), unter Verwendung 1 Grundrezeptmenge für Victoria-Biskuit, nach Belieben aromatisiert, getränkt und gefüllt (s. S. 12–16)

150 g Aprikosenkonfitüre, durch ein Sieb gestrichen

Puderzucker zum Bestäuben

750 g weiße Zuckerpaste

250 g Royal Icing (s. S. 24)

Lebensmittelfarbe (Rosa)

15 rosa Rosen mit grünen Blütenkelchen aus Zuckerpaste (s. S. 28)

ARBEITSMATERIAL

- **Frischhaltefolie**
- **runde Gebäckausstecher (∅ 5 cm)**
- **kleiner Topf**
- **Backpinsel**
- **kleiner Rollstab**
- **Führungsschienen (5 mm)**
- **kleines Küchenmesser**
- **Kuchenglätter**
- **Backpapier**
- **kleines Palettenmesser**
- **mehrere Papierspritzbeutel (s. S. 25)**

1 Das getränkte und gefüllte Biskuit in Frischhaltefolie wickeln und ca. 2 Stunden lang kalt stellen, bis es fest ist.

2 Mit einem 5 cm runden Gebäckausstecher ca. 15 Kreise ausstechen.

3 Die Aprikosenkonfitüre in einem kleinen Topf zum Kochen bringen und mit einem Backpinsel die Törtchen vollständig mit Konfitüre bestreichen.

4 Auf einer mit Puderzucker bestäubten Oberfläche die Zuckerpaste unter Zuhilfenahme der 5 mm Führungsschienen ausrollen. Jedes Törtchen gemäß der Anleitung auf Seite 17 mit Zuckerpaste überziehen.

5 Überschüssige Paste mit einem kleinen Küchenmesser abschneiden.

6 Mit den Kuchenglättern die Seiten und die Oberseiten der Törtchen glätten. Die Törtchen auf einen Bogen Backpapier setzen und einen Tag lang trocknen lassen.

7 Sobald die Glasur fest ist, einen Spritzbeutel mit weichem Royal Icing in Pastellrosa füllen, und einen anderen Spritzbeutel mit weichem Royal Icing in Hellrosa füllen.

8 Wie abgebildet Linien spritzen, dabei in der Mitte der Oberseite beginnen, den Beutel anheben und langsam zur Unterseite des Kuchens ziehen. Den Endpunkt mit dem Spritzbeutel berühren und aufhören zu spritzen (s. Grundspritztechniken auf S. 25). Die Linien nebeneinander in abwechselnden Farbtönen schön gerade spritzen.

9 Die Linien abschließen, indem kleine Tupfen in der Farbe der jeweiligen Linie an den unteren Endpunkt der Linie gespritzt werden.

10 Eine Rose aus Zuckerpaste mit einem Tupfen Royal Icing auf der Oberseite festkleben.

„Streifen und Bonbonrosa sind moderner denn je"

Verzierte Kuchenschnitten

Als ich das erste Mal nach London kam, um das Konditorhandwerk zu erlernen, wurde ich sehr schnell mit der köstlichen englischen Tradition des Afternoon Tea bekannt. Auch wenn mich das Konzept sofort in seinen Bann schlug, hatte ich das Gefühl, die Zeremonie könnte etwas frischen Wind vertragen. Diese Kuchenstücke verbinden schlichte und köstliche Kuchen mit hübschen und verspielten Mustern, die auf Ihrer nächsten Teeparty sicher zum Erfolg werden. Die Kuchen eignen sich hervorragend zum Mischen und Verbinden verschiedener Geschmacksrichtungen und Farben.

Dieses Rezept ist längst nicht so schwierig, wie es auf den ersten Blick erscheinen mag – es handelt sich jeweils um mehr oder weniger denselben Arbeitsablauf.

FÜR 18 SCHNITTEN

1 Blech Vanillebiskuit (30 x 40 cm), unter Verwendung 1 Grundrezeptmenge für Victoria- Biskuit (s. S. 12)

1 Blech Schokoladenbiskuit (30 x 40 cm), unter Verwendung 1 Grundrezeptmenge für Victoria-Biskuit (s. S. 12)

1 Blech rosa Biskuit (30 x 40 cm), unter Verwendung 1 Grundrezeptmenge für Victoria-Biskuit (s. S. 12, hier lediglich unter Zugabe eines Tropfens rosa Lebensmittelfarbe zur Biskuitmischung vor dem Backen)

300 ml Zuckersirup (s. S. 15)

450 g Vanille-Buttercreme (s. S. 14)

500 g weiße Zuckerpaste

Lebensmittelfarben (Gelb, Rosa und Grün)

Puderzucker zum Bestäuben

250 g Zuckerpaste mit Schokoladenaroma

3 verschiedene Arten Zuckerblüten wie z.B. Narzissen, fünfblättrige Blüten und Stiefmütterchen (s. S. 27), benötigt werden 18 Blüten (6 jeder Sorte)

ARBEITSMATERIAL

- großes gezacktes Messer
- großes glattes Messer
- Backpinsel
- großes Palettenmesser
- Frischhaltefolie
- großer Rollstab
- Führungsschienen (5 mm)
- Kuchenglätter
- Papierspritzbeutel (s. S. 25)

1 Mit einem scharfen gezackten Küchenmesser die Krusten von den Biskuits schneiden.

2 Jedes Biskuit in 3 gleichgroße Rechtecke schneiden, sodass 3 weiße, 3 rosafarbene und 3 braune Rechtecke entstehen.

HERSTELLUNG DER GELBEN TORTE

1 Benötigt werden 2 Lagen rosa und eine Lage weißes Biskuit. Beginnend mit einer rosa Lage, mithilfe eines großen Palettenmessers die Oberfläche mit Zuckersirup tränken und mit Buttercreme bestreichen.

2 Die weiße Lage darauf legen, die Oberfläche wie zuvor mit Zuckersirup tränken und mit Buttercreme bestreichen.

3 Die rosa Lage darauf legen und mit Zuckersirup tränken.

4 Nun die langen Seiten der Torte mit einem gezackten Messer versäubern.

5 Die gesamte Torte mit Buttercreme überziehen, jedoch die Enden aussparen. Ca. 1 Stunde lang kalt stellen, bis die Buttercreme fest geworden ist.

6 Während die Torte kühlt, die weiße Zuckerpaste mit etwas gel-

ber Lebensmittelfarbe zu Pastellgelb mischen. Bis zum Gebrauch in Frischhaltefolie aufbewahren.

7 Sobald die Buttercreme fest ist, die Zuckerpaste auf einer mit Puderzucker bestäubten Oberfläche mithilfe eines Rollstabs und den Führungsschienen ausrollen.

8 Wie zuvor eine dünne Schicht Buttercreme auf die Oberseite und die Seiten der Torte auftragen, damit die Glasur anhaftet, dann mit Paste überziehen (s. S. 17).

9 Glasurüberstände mit einem kleinen Messer abschneiden und die Oberseite und die Seiten mit Kuchenglättern glätten.

10 Nun mit einem scharfen Messer die Enden des Kuchens abschneiden, sodass die schönen, verschiedenenfarbigen Biskuitlagen zum Vorschein kommen.

11 Den Kuchen in 6 gleiche Schnitten schneiden, dabei nach jedem Schnitt die Messerklinge abwischen, damit die Scheiben sauber aussehen.

12 Nun eine fünfblättrige Blüte auf der Oberseite jeder Schnitte schön angeordnet mit einem Tupfen Royal Icing ankleben.

13 Das Muster vollenden, indem kleine grüne Blätter und Schnörkel zu den Blüten hinzugefügt werden, dabei die Techniken wie für die Bollywood Herzlollis auf S. 35 anwenden; auf jeder Schnitte das Muster wiederholen.

ROSA TORTE

1 Benötigt werden 2 Lagen weißes und eine Lage rosa Biskuit. Beginnend mit der weißen Lage, die Oberseite mit Zuckersirup tränken und mit einem Palettenmesser die Buttercreme darauf verteilen.

2 Die rosa Lage darauf legen, die Oberseite mit Zuckersirup tränken und wie zuvor die Buttercreme darauf verteilen.

3 Die weiße Lage darauf legen und mit Zuckersirup tränken. Nun mit einem gezackten Messer die Seiten der Torte versäubern.

4 Die ganze Torte mit Buttercreme überziehen, dabei jedoch die Enden aussparen. Ca. 1 Stunde lang kalt stellen, bis die Buttercreme fest geworden ist.

5 Währenddessen die Zucker paste mit etwas rosa Lebensmittelfarbe zu Pastellrosa färben. Bis zum Gebrauch in Frischhaltefolie aufbewahren.

6 Wie zuvor mit Buttercreme überziehen und mit Zuckerpaste bedecken, versäubern usw. wie beim gelben Kuchen, bis 6 gleiche Stücke entstanden sind.

7 Nun Stiefmütterchen mit einem Tupfen Royal Icing auf der Oberfläche ankleben.

8 Das Muster vollenden, indem kleine grüne Blätter und Schnörkel ebenso wie oben zu den Blüten gespritzt werden.

BRAUNE TORTE

1 Benötigt werden 2 Lagen Schokoladenbiskuit und 1 Lage rosa Biskuit. Beginnend mit der Schokoladenlage die Oberseite mit Zuckersirup tränken und die Buttercreme mit einem Palettenmesser darauf verteilen.

2 Die rosa Lage darauf legen und wie zuvor die Oberseite mit Zuckersirup tränken und Buttercreme darüber streichen.

3 Die verbleibende Schokoladenlage darauf legen und mit Zuckersirup tränken.

4 Nun die langen Seiten der Torte mit einem gezackten Messer versäubern.

5 Die gesamte Torte mit Buttercreme überziehen, dabei jedoch die Enden aussparen. Ca. 1 Stunde lang kalt stellen, bis die Buttercreme fest geworden ist.

6 Weiter mit Buttercreme überziehen und mit Zuckerpaste bedecken (dieses Mal mit der Schoko-Zuckerpaste), versäubern usw. wie beim gelben und rosa Kuchen, bis 6 gleiche Stücke entstanden sind.

7 Nun auf jeder Schnitte eine Margerite schön platziert mit Royal Icing ankleben.

8 Zur Vollendung des Musters kleine grüne Blätter und Schnörkel auf dieselbe Weise zu den Blüten spritzen wie zuvor.

Maxi-Torten

Zum Valentinstag

Es ist sehr einfach, einem einfachen Kuchen in Herzform ein ganz besonderes Aussehen zu verleihen. Die romantische Blumenbordüre, von den Rändern des Kuchens heruntertropfend, ergibt einen herrlichen Rahmen für eine persönliche Liebesbotschaft oder einen Namen. Stellen Sie diese Torte mindestens einen Tag im Voraus her.

FÜR EINE HERZTORTE (∅ 20 CM)
(ca. 25 Partyportionen)

750 g pastellrosa Zuckerpaste

300 g Royal Icing (s. S. 24)

2 runde Biskuit (∅ 20 cm), unter Verwendung 1 Grundrezeptmenge für Victoria-Biskuit, nach Geschmack aromatisiert (s. S. 12)

150 ml Zuckersirup (s. S. 15), nach Geschmack aromatisiert (s. S. 15)

250 g Füllung nach Geschmack (Buttercreme s. S. 14, oder Schokoladen-Ganache s. S. 15)

Puderzucker zum Bestäuben

600 g weißes Marzipan

2 EL klarer Alkohol (z.B. Wodka)

Lebensmittelfarben

ARBEITSMATERIAL

* **1 runde (30 cm) oder herzförmige, dicke Kuchenpappe**
* **rosa Satinband (15 mm breit)**
* **Blumennagel**
* **Backpapier**
* **Spritztüllen aus Metall zur Herstellung der Blumen (s. S. 26)**
* **mehrere Papierspritzbeutel (s. S. 25)**
* **großes gezacktes Messer**
* **großes Palettenmesser**
* **herzförmige Kuchenpappe (20 cm) bzw. aus Kuchenpappe ausschneiden**
* **Backpinsel**
* **Rollstab**
* **Führungsschienen (5 mm)**
* **Küchenmesser**
* **Kuchenglätter**
* **kippbarer Drehteller**

1 Die dicke Kuchenpappe (30 cm) mit 150 g der rosa Zuckerpaste und dem Satinband beziehen (s. S. 17). Über Nacht fest werden lassen.

2 Mithilfe des mit Stücken Backpapier ausgekleideten Blumennagels, Royal Icing und einer Auswahl verschiedener Spritztüllen genügend Zuckerblüten herstellen, um die Seiten der Torte zu dekorieren (s. S. 27). Über Nacht trocknen lassen.

3 Mit einem gezackten Messer die Kruste von beiden Biskuits schneiden. 2 Herzen aus dem Biskuit schneiden, dabei die herzförmige Kuchenpappe als Vorlage verwenden.

4 Die beiden herzförmigen Biskuits tränken und unter Verwendung der gewählten Füllung zusammensetzen.

5 Die Außenseite der Torte mit derselben Füllung überziehen und mindestens 2 Stunden lang kühlen.

6 Sobald der Überzug kalt ist, eine weitere Schicht Ganache oder Buttercreme aufziehen, damit das Marzipan besser anhaftet.

7 Auf einer mit Puderzucker bestäubten Oberfläche das Marzipan mit einem großen Rollstab zwischen den Führungsschienen (5 mm) ausrollen.

8 Unter Zuhilfenahme des Rollstabs das Marzipan über die Oberseite der Torte legen und an den Seiten hinunterdrücken. Mit einem Messer Überstände abschneiden.

9 Mit den Kuchenglättern die Oberseite und die Seiten glätten. Über Nacht fest werden lassen.

10 Die Außenseite der mit Marzipan überzogenen Torte mit etwas Alkohol bestreichen, damit die Zuckerpaste am Marzipan anhaftet.

11 Den Kuchen mit der restlichen Zuckerpaste mit derselben Technik wie für das Marzipan bedecken. Alles über Nacht aushärten lassen.

12 Sobald alles hart ist, einen Tupfen Royal Icing in die Mitte der vorbereiteten, dicken Kuchenpappe spritzen und die Torte darauf stellen. Eine Stunde lang fest werden lassen um sicherzustellen, dass die Torte fest an der Pappe klebt.

13 Spritzbeutel mit weichem Royal Icing in 3 verschiedenen Rosatönen füllen.

14 Die Torte, auf der Pappe klebend, auf einen kippbaren Drehteller stellen. Drehteller leicht vom Körper weg kippen und damit beginnen, dünne Streifen von oben nach unten an den Seiten entlang zu spritzen, dabei die drei Farben abwechseln (siehe 1 und Grundspritztechniken auf S. 25).

15 Eine Bordüre aus passenden Tupfen entlang der Unterseite der Torte spritzen (2).

16 Die Zuckerblüten entlang der Oberkante spritzen, um einen Rahmen um den Herzgrundriss zu formen; die Blüten mit Royal Icing in Position kleben (3).

17 Einen weiteren Spritzbeutel mit grünem, steifem Royal Icing füllen und einige grüne Blätter zwischen die Blüten, wie auf S. 35 beschrieben, spritzen.

Dreisäulige Hochzeitstorte

Hier handelt es sich um eine sehr ungewöhnliche Form der klassischen Hochzeitstorte, denn die verschiedenen Lagen befinden sich nebeneinander statt aufeinander gestapelt. Das edle Tupfenmuster ist leicht zu gestalten und verleiht der Torte romantischen Charme. Die Art, Torten mit frischen Blumen zu dekorieren, erfreut sich derzeit großer Beliebtheit, und die schöne Rosenkaskade auf meiner Torte wurde freundlicherweise vom Londoner Blumen-Topdesigner Rob Van Helden, dessen glamouröse Kreationen ihresgleichen suchen, arrangiert. Die Blumenstraußhalter in Kuppelform für die Rosen sollte Ihr Florist bereithalten, den Sie natürlich auch einfach bitten können, die Blumen für Sie zu arrangieren. Stellen Sie sicher, dass die Blumen nicht mit Chemikalien behandelt worden sind, die auf die Torte übergehen könnten. Stellen sie diese Torte mindestens 3 Tage im Voraus her.

FÜR CA. 100 PORTIONEN

3,5 kg weiße Zuckerpaste

Lebensmittelfarben (Rosa, Orange, Gelb)

6 Bleche Biskuit (30 x 40 cm), jeweils unter Verwendung 1 Grundrezeptmenge für Victoria-Biskuit, nach Wunsch aromatisiert (s. S. 12)

500 ml Zuckersirup (s. S. 15), nach Wunsch aromatisiert

1,5 kg Buttercreme (s. S. 14) oder eine andere Füllung nach Wunsch

Puderzucker zum Bestäuben

3 kg weißes Marzipan

500 g Royal Icing (s. S. 24)

etwas klarer Alkohol, z.B. Wodka

ARBEITSMATERIAL

- **Frischhaltefolie**
- **dicke, runde Kuchenpappe (∅ 50 cm)**
- **ca. 2 m pastellrosa Satinband (15 mm breit)**
- **großes gezacktes Messer**
- **3 dicke runde Kuchenpappen (∅ 15 cm)**
- **kleines Küchenmesser**
- **Backpinsel**
- **kleine und große Palettenmesser**
- **großer Rollstab**
- **Führungsschienen (5 mm)**
- **Kuchenglätter**
- **Papierspritzbeutel (s. S. 25)**
- **kleine Blumenhalter in Kuppelform**
- **3 dünne, runde Kuchenpappen**
- **Schere**
- **ca. 100 frische Rosen in Gelb-, Pfirsich- und Rosa-Pastellfarben**

1 Mindestens 2 Tage im Voraus die Zuckerpaste färben: ca. 2 kg mit rosa, 1 kg mit orangefarbener und 500 g mit gelber Lebensmittelfarbe färben. Bis zum Gebrauch getrennt voneinander in Frischhaltefolie aufbewahren.

2 Die Kuchenpappe (∅ 50 cm) mit ca. 500 g der rosa Paste beziehen und die Seiten mit dem pastellrosa Satinband (s.S. 18) dekorieren. Mindestens 2 Tage lang trocknen lassen.

3 Ebenfalls 2 Tage im Voraus mit einem gezackten Messer die obere Kruste von jedem Biskuit schneiden.

4 Eine runde Kuchenpappe (∅ 15 cm) als Vorlage auf eine Lage Biskuit legen und drei Kreise von 15 cm aus jeder Biskuitlage schneiden (insgesamt werden 18 solcher Kreise = Böden benötigt).

5 Eine Torte besteht aus 3, eine aus 6 und eine weitere aus 9 runden Biskuitböden.

6 Mit einem Backpinsel die Oberseite jeder Lage mit Zuckersirup tränken und unter Verwendung eines Palettenmessers jede Lage mit der gewünschten Füllung (s. S. 16) füllen. Torten zusammensetzen. Jede Torte auf eine Kuchenpappe (∅ 15 cm) setzen und mit einem Tupfen Buttercreme bzw. der gewählten Füllung festkleben.

7 Alle Kuchen gemäß Beschreibung auf S. 17 mit Marzipan überziehen und mindestens einen Tag lang fest werden lassen.

8 Am nächsten Tag gemäß der Beschreibung auf S. 17 die Torten mit Zuckerpaste überziehen. Die gelbe Paste für die kleine Lage, die orangefarbene Paste für die Mittellage und die rosa Paste für die große Lage verwenden. Mindestens einen Tag lang fest werden lassen.

9 Sobald alles fest ist, 3 Papierspritzbeutel mit weichem Royal Icing in den Farben der einzelnen Zuckerpasten füllen und gleichmäßig kleine Tupfen auf die Gesamtfläche der Torten spritzen. Sollten einige Tupfen Zipfel bilden, diese mit einem feuchten Pinsel eindrücken, während das Royal Icing noch feucht ist, siehe oben. Die Oberkante, wie auf S. 25 beschrieben, mit einer gespritzten Bordüre aus Royal Icing abschließen. Royal Icing einige Stunden lang trocknen lassen.

10 Etwas Royal Icing jeweils auf die Kuchenpappe spritzen und die drei glasierten Torten so mittig wie möglich mithilfe eines Palettenmessers darauf setzen.

11 Die Blumenstraußhalter in Wasser tränken, auf eine runde Kuchenpappe (∅ 10 cm) setzen, damit kein Wasser in die Torte rinnen kann, und einen auf jede Torte setzen.

12 Die Blumen sollten bis zu einen Tag lang frisch bleiben. Wenn also die Hochzeitsfeier nachmittags beginnt, sollten die Blumen frühestens am Morgen desselben Tages arrangiert werden. Die Stängel jeder Rose auf ca. 5 cm unter der Blüte abschneiden.

13 Die Rosen in die Blumenstraußhalter stecken und einige Rosen lose auf die Oberseiten der Torten legen, sodass sie kaskadenförmig von der oberen über die mittlere auf die unter Torte fallen. Einige Rosenblütenblätter lose über die Präsentierplatte verteilen.

14 Unbedingt daran denken, dass die Blumen vor Anschneiden und Verzehr der Torte entfernt werden müssen.

Geschenkbox

Wenn sie zum Geburtstag eingeladen sind und nicht so recht wissen, was Sie mitbringen sollen, ist dieser Kuchen die ideale Lösung. Er sieht nicht nur wie eine echte Geschenkbox aus, sondern die seidig schimmernde Schleife, kombiniert mit den verspielten rosa Punkten, verwandelt diesen schlichten Kuchen in ein äußerst anziehendes Geschenk für Menschen jeden Typs und Alters. Stellen Sie die Schleife mindestens 3 Tage, den Kuchen mindestens 2 Tage vor Gebrauch her.

FÜR EINEN QUADRATISCHEN KUCHEN MIT 20 CM SEITENLÄNGE (CA. 36 PORTIONEN)

1,5 kg weiße Zuckerpaste

Lebensmittelfarben (Minzgrün und Rosa)

1 EL Tylosepulver

Schimmerpuder (Türkis)

2 EL klarer Alkohol, z.B. Wodka

2 quadratische Biskuits (20 cm), unter Verwendung 1 Grundrezeptmenge für Victoria-Biskuit, nach Wunsch aromatisiert (s. S. 12)

150 ml Zuckersirup (s. S. 15), nach Wunsch aromatisiert

250 g Füllung nach Belieben (Buttercreme (s. S. 14) oder Schokoladen-Ganache (s. S. 15)

Puderzucker zum Bestäuben

750 g weißes Marzipan

etwas steif geschlagenes Royal Icing (s. S. 24)

ARBEITSMATERIAL

- Frischhaltefolie
- kleiner Rollstab
- kleines Plastikbrett
- kleines Küchenmesser
- dicker weicher Künstlerpinsel
- Küchenkrepp
- Backpapier
- quadratische Kuchenpappe (20 cm)
- gezacktes Messer
- Backpinsel
- großes Palettenmesser
- Führungsschienen (5 mm)
- großer Rollstab
- Kuchenglätter
- Auswahl kleiner, runder Ausstecher in verschiedenen Größen
- Papierspritzbeutel (s. S. 25)

Mit dem Formen der Zuckerschleife mindestens 3 Tage im Voraus beginnen.

1 Ca. 500 g weiße Zuckerpaste mit etwas minzgrüner Lebensmittelfarbe färben, bis die Paste einen hellgrünen Farbton hat. Das Tylosepulver in die Paste kneten (Härtungsmittel, das die Paste geschmeidiger und stabiler macht), in Frischhaltefolie einwickeln und ca. eine halbe Stunde lang ruhen lassen.

2 Sie werden bemerken, dass die Paste sich nun wesentlich geschmeidiger anfühlt und sich viel besser zum Modellieren und Formen eignet. Mit einem kleinen Rollstab ein Stück Paste sehr dünn auf einem Plastikbrett ausrollen. Mit einem kleinen scharfen Messer einen Streifen von ca. 5 x 15 cm aus der Paste ausschneiden.

3 Die Schnittreste entfernen und den Streifen mit Hilfe eines dicken weichen Künstlerpinsels mit türkisem Schimmer bestäuben (1).

4 Den Streifen wenden (2). Etwas Küchenkrepp zu einem Zylinder (∅ ca. 5 cm) rollen, in die Mitte des Pastenstreifens setzen und die Paste wie abgebildet darum herum wickeln (3). Beide Enden zusammendrücken und mit etwas Wasser oder Alkohol zusammenkleben. Auf ein Stück Backpapier übertragen. Diesen Vorgang für die andere Schleifenschlaufe wiederholen. Beide mindestens drei Tage lang trocknen lassen.

VORBEREITEN DER BISKUITS

5 Mit einem gezackten Messer die Kruste von den Oberseiten beider Biskuits schneiden. Mit Zuckersirup tränken und auf beide eine Schicht der gewählten Füllung (s. S. 16), auftragen. Torte zusammensetzen.

6 Die Außenseiten der Torte mit derselben Füllung überziehen und mindestens 2 Stunden lang kalt stellen.

7 Die abgekühlte Torte aus dem Kühlschrank nehmen, auf eine Kuchenpappe (∅ 20 cm) setzen und eine weitere Schicht Ganache oder Buttercreme auftragen, damit das Marzipan anhaftet.

8 Auf einer mit Puderzucker bestäubten Oberfläche das Marzipan mit einem großen Rollstab zwischen den Führungsschienen (5 mm) ausrollen.

9 Das Marzipan über die Oberseite des Kuchens legen und an die Seiten drücken. Marzipanüberstände mit einem Messer abschneiden. Mit den Kuchenglättern die Oberfläche glätten.

10 Die Außenseite der mit Marzipan überzogenen Torte mit etwas Alkohol bestreichen, damit die Zuckerpaste am Marzipan anhaftet.

11 Die Torte mit 900 g Zuckerpaste in derselben Technik wie für das Marzipan bedecken. Über Nacht fest werden lassen.

DEKORIEREN DER TORTE

12 Die verbleibende grüne Zuckerpaste für die Schleife ausrollen und zwei lange Streifen derselben Breite wie die Schleife und lang genug, um von einer Seite der Torte zur anderen zu reichen, ausschneiden.

SCHLEIFE UND PUNKTE HERSTELLEN

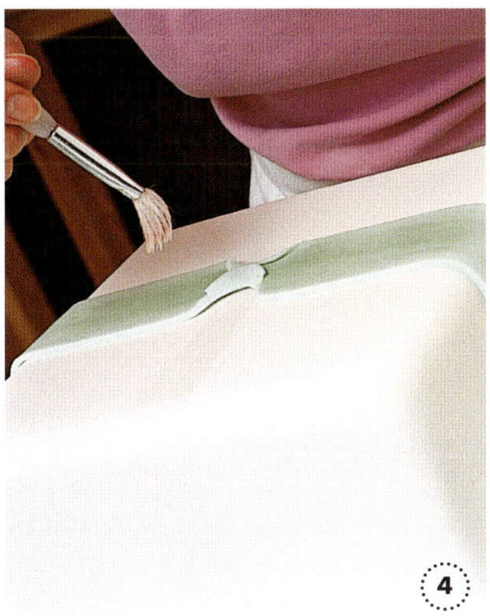

13 Jeden Streifen wie zuvor mit türkisfarbenem Schimmer bestäuben (1). Die Paste mit Alkohol an die Torte kleben. Die Streifen aus grüner Zuckerpaste über Kreuz über die Oberseite der Torte legen und beide Streifen am Kreuzpunkt aneinander kleben (4 und 5). Pastenüberstände an den Seiten mit einem Messer abschneiden.

14 Eine Hälfte der verbleibenden Zuckerpaste blassrosa, die andere Hälfte hellrosa färben.

15 Die Paste auf einem kleinen Plastikbrett ausrollen und mit den runden Ausstechern Kreise verschiedener Größe ausstechen.

16 Die Kreise unregelmäßig auf den weißen Teilen der Torte verteilen (6), mit klarem Alkohol oder Wasser festkleben.

17 Die Schleife mit einem Tupfen Royal Icing oben auf dem Kuchen festkleben.

18 Für die Endstücke der Schleife ein Stück Paste wie zuvor ausrollen und zwei Streifen (ca. 5 x 12 cm) ausschneiden. In ein Ende eines jeden Streifens ein „V“ schneiden und die anderen Enden zusammendrücken. Mit Royal Icing an der Schleife festkleben und auf die Torte legen.

19 Schließlich ein weiteres kleines Stück grüner Paste ausrollen, mit Schimmer bestäuben und um die Mitte der Schleife wickeln.

Hochzeitstorte in Rosa

Diese tolle und mädchenhafte Kreation aus pastellfarbener Glasur und weißen Hortensienblüten verleiht jeder Hochzeit jenes „Märchen-werden-wahr"-Feeling. Bereiten Sie diese Torte mindestens 3 Tage im Voraus zu. Um den magischen Effekt noch zu verstärken, können Sie die weißen Blüten mit etwas essbarem Glitzer besprenkeln, solange sie noch feucht sind.

FÜR CA. 130 PORTIONEN

5 kg Zuckerpaste (Pastellrosa)

2 runde Biskuits (∅ 15 cm), unter Verwendung ½ Grundrezeptmenge für Victoria-Biskuit, aromatisiert nach Wunsch (s. S. 12)

2 runde Biskuits (∅ 20 cm) pro Kuchen unter Verwendung von ⅔ der Grundrezeptmenge für Victoria-Biskuit, aromatisiert nach Wunsch (s. S. 12)

2 runde Biskuits (∅ 25 cm), jeweils unter Verwendung von ¾ der Grundrezeptmenge für Victoria-Biskuit, aromatisiert nach Wunsch (s. S. 12)

2 runde Biskuits (∅ 30 cm), unter Verwendung einer Grundrezeptmenge für Victoria-Biskuit, aromatisiert nach Belieben (s. S. 12)

700 ml Zuckersirup (s. S. 15), aromatisiert nach Wunsch

2 kg Buttercreme (s. S. 14) oder eine andere Füllung nach Wunsch

5 kg Marzipan

Puderzucker zum Bestäuben

1 kg Royal Icing (s. S. 24) zur Herstellung der Blüten

Lebensmittelfarbe (Rosa)

ARBEITSMATERIAL

- **runde Kuchenpappe (∅ 40 cm)**
- **großes gezacktes Messer**
- **Backpinsel**
- **großes Palettenmesser**
- **ca. 4 m weißes Satinband (15 mm breit)**
- **je 1 dünne runde Kuchenpappe (mit ∅ 15, 20, 25, 30 cm)**
- **großer Rollstab**
- **Führungsschienen (5 mm)**
- **Kuchenglätter**
- **mehrere Papierspritzbeutel (s. S. 25)**
- **Spritztüllen (Wilton 103, PME, usw.)**
- **Blumennagel**
- **Backpapier**
- **Drehteller**
- **Tortendübel aus Plastik**

1 Die Kuchenpappe (∅ 40 cm) mit 350 g rosa Zuckerpaste überziehen (s. S. 17). Den Rand mit weißem Satinband verkleiden.

2 Es werden 4 Etagen benötigt, jede bestehend aus 2 Lagen Biskuit (s. o.). Jeden Biskuitboden sauber schneiden, tränken und füllen (s. S. 16), die fertige Torte auf die entsprechende Kuchenpappe setzen. Im Kühlschrank kalt stellen.

3 Jede Torte mit Marzipan überziehen (s. S. 17). Über Nacht fest werden lassen.

4 Aus steifem Royal Icing Hortensienblüten in verschiedenen Größen spritzen. Diese wie fünfblättrige Blüten (s. S. 26) herstellen, aber nur 4 Blütenblätter aufspritzen. Etwas Royal Icing mit rosa Lebensmittelfarbe mischen und Blumenkelche in die Mitte der Blüten spritzen. Über Nacht trocknen lassen.

5 Am nächsten Tag jede Torte mit rosa Zuckerpaste überziehen (s. S. 17). Mindestens über Nacht lang fest werden lassen.

6 Sobald die Zuckerpaste fest ist, die Etagen auf ihren Pappen, wie auf S. 19 beschrieben, übereinander schichten.

7 Satinband um die Unterseite jeder Torte legen. Entlang der Seiten jeder Torte Blüten mit steifem Royal Icing ankleben.

Hochzeitstorte Englische Rose

In einem Einrichtungsmagazin sah ich vor kurzem eine Tapete von Cath Kidston. Ich liebe einfach den altmodischen Effekt – er ist so herrlich britisch und lässt mich an alte englische Rosengärten denken. Die Technik, die zum Auftragen der Blumen auf die Torte verwendet wird, nennt sich „Brush Embroidery" (Pinsel-Stickerei). Wer damit noch keine Erfahrung hat, mag die Technik am Anfang etwas kompliziert finden. Daher schlage ich vor, zuerst auf einer mit Zuckerpaste überzogenen Kuchenpappe zu üben, bis die Resultate zufriedenstellend sind.

FÜR 110 PORTIONEN

3,5 kg weiße Zuckerpaste

Lebensmittelfarben (Rosa, Gelb und Grün)

2 runde Biskuits (∅ 15 cm), jeweils unter Verwendung ½ Grundrezeptmenge des Victoria-Biskuits, aromatisiert nach Wunsch (s. S. 12)

2 runde Biskuits (∅ 23 cm), jeweils unter Verwendung von ¾ der Grundrezeptmenge für Victoria-Biskuit, aromatisiert nach Wunsch (s. S. 12)

2 runde Biskuits (∅ 30 cm), jeweils unter Verwendung 1 Grundrezeptmenge für Victoria-Biskuit, aromatisiert nach Wunsch (s. S. 12)

500 ml Zuckersirup (s. S. 15), aromatisiert nach Wunsch

1,5 kg Buttercreme (s. S. 14) oder eine andere Füllung nach Wunsch

Puderzucker zum Bestäuben

3 kg weißes Marzipan

500 g Royal Icing (s. S. 24)

ARBEITSMATERIAL

- **ca. 1,5 m hellrosa Satinband (30 mm breit)**
- **ca. 1,5 m hellrosa Satinband (15 mm breit)**
- **je 1 dicke runde Kuchenpappe (mit ∅ 40, 15, 23 und 30 cm)**
- **großes gezacktes Messer**
- **Backpinsel**
- **großes Palettenmesser**
- **großer Rollstab**
- **Führungsschienen (5 mm)**
- **Kuchenglätter**
- **Präger für Rosenblüten und Rosenblätter**
- **mehrere Papierspritzbeutel (s. S. 25)**
- **feiner Künstlerpinsel**
- **Drehteller**
- **je 2 dicke runde Kuchenpappen (mit ∅ 7, 15 und 23 cm)**
- **Nadeln**
- **Tortendübel aus Plastik**
- **Schere**

1 Ca. 350 g weiße Zuckerpaste mit rosa Lebensmittelfarbe mischen bis die Paste eine tiefe Fuchsia-Färbung hat, ähnlich der Farbe des Satinbandes. Diese Paste verwenden, um eine dicke Kuchenpappe (∅ 40 cm) zu überziehen (s. S. 18). Die Seiten des Bretts mit dem Satinband (15 mm Breite) bedecken.

2 Benötigt werden 3 Torten, jeweils bestehend aus 3 Biskuitböden (∅ 15 cm, 23 cm und 30 cm). Jede Torte sauber schneiden, tränken und füllen (s. S. 16), dann auf die entsprechende Kuchenpappe setzen.

3 Jede Torte mit Marzipan überziehen (s. S. 18), über Nacht fest werden lassen.

4 Bevor die Torten mit Zuckerpaste bedeckt werden, die Präger für die Rosenblüten und -blätter bereit legen. Jeweils eine Torte mit weißer Zuckerpaste (s. S. 17) überziehen.

5 Solange die Paste noch weich ist, die Präger vorsichtig in die Paste jeder Torte drücken, um ein

flächendeckendes Muster aus Rosenblüten und -blättern zu erstellen (1). Über Nacht trocknen lassen.

6 Das Royal Icing färben und die Spritzbeutel vorbereiten. Es werden mehrere Spritzbeutel, gefüllt mit weichem Royal Icing in den Farben Fuchsienrosa, Pastellrosa, Grün und Gelb benötigt.

7 Mit den grünen Blättern beginnen: den Umriss des Blatts mit grünem Royal Icing spritzen. Einen feinen Pinsel mit Wasser befeuchten. Mit dem Pinsel das Royal Icing von der Außenlinie in die Mitte des Blatts ziehen (2), wodurch die Blattadern entstehen.

8 Sind die Blätter fertig, die rosa Blüten spritzen: Bei jeder Blüte jeweils ein Blütenblatt fertig spritzen. Eine Linie fuchsienrosa Royal Icing auf den Umrissrand des Blütenblatts, eine weitere Linie aus pastellrosa Royal Icing direkt daneben in die Innenseite des Blütenblatts spritzen (3). Den feuchten Pinsel nehmen und vom äußeren Rand in die Mitte der Blüten ziehen, sodass zwei rosa Farbtöne ineinander übergehen.

9 Spritzen der Blütenmitte: Mit dem gelben Royal Icing kleine Tupfen in die Mitte einer jeden offenen Rose spritzen (4). Ein oder zwei Stunden lang trocknen lassen.

10 Jeweils eine Torte auf den Drehteller setzen und mit weißem weichen Royal Icing eine Bordüre um den oberen und unteren Rand jeder Torte spritzen. Trocknen lassen.

11 Zwei dicke runde Kuchenpappen (∅ 7,5 cm) mit einem Tupfen Royal Icing zusammenkleben. Den Vorgang mit den dicken runden Kuchenpappen (∅ 15 cm und 23 cm) wiederholen. Diese Pappen trennen die Torten voneinander.

12 Die Seiten der entstandenen Pappen mit einem Satinband von 30 mm Breite bedecken und mit einem Pin (s. S. 18) befestigen.

13 Nun die Etagen bilden. In Mitte der obersten Torte 4 Punkte markieren, sodass sie ein Quadrat von 12,5 cm Seitenlänge formen. An diesen Punkten 4 Tortendübel in die Torte stecken und auf die richtige Länge zurechtschneiden (s. S. 19).

14 Den Vorgang bei der mittleren Torte wiederholen, wobei die Dübel in der Mitte ein Quadrat von 5 cm Seitenlänge formen sollen.

15 Die Tortenpappe von 23 cm Durchmesser in der Mitte der vorbereiteten Präsentierplatte (∅ 40 cm) mit einem Tupfen Royal Icing festkleben. Die unterste Torte (∅ 30 cm) mittig darauf stellen.

16 Die Kuchenpappe mit 15 cm Durchmesser auf die unterste Torte legen, damit sie die Tortendübel, die in der untersten Torte stecken, abdeckt.

17 Nun die mittlere Torte (∅ 23 cm) mittig darauf stellen, gefolgt von der Kuchenpappe mit 7,5 cm Durchmesser. Darauf folgt schließlich die obere Torte von 15 cm.

„… lässt mich an englische Rosengärten denken."

Margeritenkaskade

Der Hochzeitstorte in Rosa sehr ähnlich, kommt diese verblüffende Torte durch die Hinzufügung weißer Zuckerschleifen und des frischen Minzgrüns als Grundfarbe noch ein wenig verspielter daher.

FÜR CA. 90 PORTIONEN

500 g steif geschlagenes Royal Icing (s. S. 24)

Lebensmittelfarbe (Gelb)

Puderzucker zum Bestäuben

etwas klarer Alkohol (z.B. Wodka) oder Wasser

250 g weiße Zuckerpaste

gefüllte und überzogene Torte (s. S. 26–27)

ARBEITSMATERIAL

- **Metall-Spritztülle Wilton 104 / 103**
- **Backpapier**
- **Blumennagel**
- **mehrere Papierspritzbeutel (s. S. 25)**
- **kleiner Rollstab**
- **feiner Künstlerpinsel**
- **kleines Plastikbrett**
- **kleines Küchenmesser**

1 Mit Papierspritzbeuteln, die mit weißem und gelbem steifem Royal Icing gefüllt wurden, 120 Zuckergänseblümchen (s. S. 27) in drei verschiedenen Größen spritzen. Über Nacht trocknen lassen.

2 Auf einer mit Puderzucker bestäubten Oberfläche die weiße Zuckerpaste zu einem langen Streifen ausrollen und 2 Streifen von 2 cm Breite ausschneiden, die um die Torte herum passen.

3 Mit Hilfe eines Pinsels den unteren Rand jeder Torte mit Alkohol oder Wasser bestreichen und die Pastenstreifen um jeden Kuchen wickeln (1).

4 Zur Herstellung der Schleifen ein kleineres Stück Paste auf einem kleinen Plastikbrett ausrollen und 2 Streifen von 2 cm Breite und 12 cm Länge ausschneiden. Mit einem Küchenmesser in der Mitte eines jeden Streifens zwei „V“s, die mit der Spitze aufeinander zeigen, ausschneiden (2). Die Mitte eines jeden Streifens mit etwas Wasser oder Alkohol bestreichen und die Enden eines jeden Streifens in der Mitte zu einer Schleife zusammen bringen (2).

5 Eine kleine Menge Paste ausrollen und 2 Stücke von 1 x 2 cm ausschneiden. Die Mitte jeder Schleife mit etwas Wasser oder Alkohol bestreichen und ein kleines Stück der ausgeschnittenen Paste auf der Mitte jeder Schleife befestigen (3).

6 Jede Schleife an den Seiten jeder Torte dort festkleben, wo die Enden der Bordüre zusammentreffen, und mit etwas Wasser oder Alkohol fixieren. Die Schlaufen der Schleifen etwas öffnen, um ihnen Form zu geben.

7 Schließlich die Margeriten unregelmäßig entlang der Oberkante jeder Torte mit Tupfen aus Royal Icing festkleben.

1

2

3

Romantischer Rosenkegel

Volle Rosen in satten Rosatönen und herrliche Schmetterlinge, an gewundenem Draht flatternd, verwandeln diesen Kuchen in ein Stück reine Poesie. Inspiriert von *Ein Sommernachtstraum*, habe ich diese Torte entworfen, um etwas Neues und Ungewöhnliches als Tischdekoration für Hochzeits- und Geburtstagsfeiern zu erschaffen. Die Herstellung ist sehr zeitintensiv, lohnt jedoch die Mühe. Die Rosen können einige Wochen im Voraus hergestellt werden, da sie sich gut halten.

FÜR 120 PORTIONEN

Die Torte muss mindestens 3 Tage im Voraus hergestellt werden, die Marzipanrosen und -blätter sollten mindestens 24 Stunden im Voraus entstehen, damit sie genügend Zeit zum Trocknen haben.

4 Bleche Schokoladenbiskuit (s. S. 12)

1 Grundrezeptmenge Schokoladen-Ganache (s. S. 15)

Puderzucker zum Bestäuben

2 kg Marzipan

2 kg rosa Zuckerpaste

etwas klarer Alkohol, z. B. Wodka oder Gin

ca. 120 Marzipanrosen (s. S. 29) in verschiedenen Pinktönen

24 Marzipanrosenblätter (s. S. 29)

Rosa Royal Icing (s. S. 24)

ARBEITSMATERIAL

- **ca. 10 runde Vorlagen (∅ 5–30 cm) zum Ausschneiden der Tortenlagen**
- **runde Kuchenpappe (∅ 30 cm)**
- **großes Palettenmesser**
- **großer Rollstab**
- **Führungsschienen (5 mm)**
- **kleines Küchenmesser**
- **Backpinsel**
- **Papierspritzbeutel (s. S. 25)**
- **runde doppelte Kuchenpappe (∅ 40 und 45 cm), überzogen mit blassrosa Zuckerpaste und verziert mit dunkelrosa Satinband (s. S. 18)**
- **Federschmetterlinge an Draht (s. S. 142)**

1 Unter Verwendung der Vorlagen Kreise mit gestaffelten Durchmessern von 5 cm bis 30 cm ausschneiden.

2 Mit einem großen Palettenmesser etwas Ganache auf eine Kuchenpappe (∅ 30 cm) verteilen und ein Biskuit von 30 cm darauf setzen. Eine dünne Schicht Ganache über die erste Lage verteilen und die nächst größere Biskuitlage darauf setzen. Den Aufbau der Torte weiter Lage um Lage in dieser Weise fortsetzen, um einen Kegel zu formen.

„... diese Torte ist reine Poesie."

3 Die gesamte Torte mit Schokoladen-Ganache überziehen und die Oberfläche glätten. Die Torte in den Kühlschrank stellen und mindestens 2 Stunden lang fest werden lassen.

4 Die Arbeitsoberfläche mit Puderzucker bestäuben und das Marzipan unter Zuhilfenahme der Führungsschienen auf eine Stärke von 5 mm ausrollen. Eine Papiervorlage herstellen, aus der man durch Aufrollen einen Kegel herstellen kann, der groß genug ist, um die Torte zu bedecken. Mit diesem Kegel als Vorlage ein Marzipandreieck ausschneiden, das groß genug ist, um die Torte zu bedecken.

5 Die Torte mit einer weiteren dünnen Schicht Ganache überziehen.

6 Mit Hilfe des Rollstabs das Marzipandreieck anheben und vorsichtig um die Torte wickeln. Oben und unten Überstände abschneiden. Über Nacht aushärten lassen.

7 Am nächsten Tag auf dieselbe Weise wie mit dem Marzipan die Torte mit rosa Zuckerpaste überziehen, aber anstatt die Schokoladen-Ganache zum Anhaften zu verwenden, zuerst die Torte mit Alkohol bestreichen. Die Paste über Nacht aushärten lassen.

8 Am nächsten Tag einen Tupfen Royal Icing in die Mitte der doppelten Kuchenpappe spritzen und die Torte darauf setzen.

9 Die Torte dekorieren, indem Rosen und Blätter aus Marzipan mit rosa Royal Icing angeklebt werden, dabei an der Unterseite beginnen und aufwärts arbeiten (1 und 2).

10 Schließlich die Schmetterlinge an den gewundenen Drähten gleichmäßig über die Torte verteilt in die Marzipanrosen stecken, dabei unten größere und oben kleinere Schmetterlinge verwenden.

11 Während des Servierens alle Anwesenden darauf aufmerksam machen, dass die Schmetterlinge an den Drähten nicht essbar sind und darauf achten, dass sie vor dem Anschneiden und Verzehr entfernt werden.

Vorlagen

Aus Platzgründen habe ich nicht versucht Vorlagen für jedes Projekt abzubilden. Normalerweise finden sich entsprechende Ausstecher, ansonsten lassen sich eigene Vorlagen herstellen. Dennoch befinden sich hier Vorlagen für zwei Projekte, bei denen sie wirklich unverzichtbar sind (Sie müssen direkt auf eine Vorlage spritzen) – die Weihnachtsbäume auf den Seiten 72–73 und die Schmetterlingshäppchen auf den Seiten 76–79.

Glossar

Die meisten hier aufgeführten Artikel sind im Fachhandel erhältlich, Artikel des täglichen Gebrauchs finden sich in der Regel im Supermarkt und in Haushaltsgeschäften.

ZUTATEN

EIWEISSPULVER Getrocknetes Eiweißpulver wird bei der Herstellung von Royal Icing aus Gründen der Lebensmittelsicherheit anstelle von frischen Eiweißen verwendet, da es pasteurisiert ist.

FONDANT Hergestellt aus Zucker, Wasser und Weinstein, wird Fondant in der Konditorei zum Glasieren und in der Patisserie zum Überziehen von Torten verwendet. Es gibt fertigen Fondant im Fachhandel oder im Supermarkt in Pulverform zum Anrühren mit Wasser.

GLANZPUDER, ESSBAR Dieser ungiftige Perlmuttstaub ist in verschiedenen Schattierungen erhältlich. Essbares Glanzpuder kann mit einem Tropfen Alkohol zu einer dicken Paste angerührt werden, oder es kann direkt mit einem weichen Künstlerpinsel aufgetragen werden.

GLITZER, ESSBAR Achten Sie darauf, dass der Glitzer wirklich essbar und nicht nur ungiftig ist.

GLUCOSE, FLÜSSIG Eine dickflüssige Version von Maissirup, verwendet zur Herstellung von Fondant-Icing, um ihr einen schönen Schimmer zu geben.

LEBENSMITTELFARBE Die in diesem Buch verwendeten Lebensmittelfarben sind entweder flüssig oder in Pastenform. Die Pasten sind konzentrierter als die flüssigen Farben und daher besser zum Färben von Zuckerpasten und Marzipan geeignet. Bei Royal Icing lassen sich flüssige Farben besser einmischen und ergeben ebenmäßigere Resultate.

MARZIPAN Hergestellt aus gemahlenen Mandeln und Puderzucker, wird Marzipan im Wesentlichen verwendet, um große Kuchen und Torten vor dem Glasieren damit zu überziehen, da es die Feuchtigkeit einschließt und die Form festigt. Außerdem ist Marzipan ideal für die Herstellung von Marzipanblüten (s. S. 28-29), da es sehr geschmeidig ist und die einzelnen Blütenblätter auf natürliche Weise aneinander kleben.

ROYAL ICING Gut geeignet zum Dekorieren. Hergestellt aus Puderzucker und Eiweiß oder getrocknetem Eiweiß (Eiweißpulver, s. o.), trocknet es zu einer sehr harten und weißen Masse, die sich leicht mit Lebensmittelfarbe färben lässt.

TYLOSEPULVER Carboxymethylcellulose (CMC), unschädlich. Wenn es in Zuckerpaste, Marzipan oder Royal Icing gemischt wird, ergibt es eine starke Modellierpaste, die hart austrocknet. Tylosepulver kann auch mit etwas Wasser vermischt werden, um dann als dicker und kräftiger Esskleber verwendet zu werden.

ZUCKERPASTE Sehr glatte und geschmeidige Glasur, hergestellt aus Gelatine, Puderzucker und Wasser, die sehr hart austrocknet. Zuckerpaste wird verwendet, um Torten zu überziehen, Blüten herzustellen und Tortendekorationen zu modellieren.

ARBEITSMATERIAL

BLUMENNAGEL Ein rostfreier Blumennagel wird verwendet, um Zuckerblüten aus Royal Icing herzustellen. Er fungiert als praktische Unterlage zum Spritzen von Margeriten, Stiefmütterchen, Narzissen usw., da er leicht in der nicht spritzenden Hand gedreht werden kann.

BLUMENAUSSTECHER Hergestellt aus Metall oder Plastik, dienen sie dazu, Blütenblätter und Blätter aus Blumenpaste auszustechen. In diesem Buch haben wir sie verwendet, um Stiefmütterchen, Margeriten und Mini-Blüten auszustechen.

COCKTAIL STICK Dünner Stick aus Kunststoff zum Formen von Blüten.

FÜHRUNGSSCHIENEN Diese langen Plastikschienen dienen dazu, den Teig oder die Zuckerpaste auf gleiche Stärke auszurollen, in der Regel 5 mm.

KUCHENGLÄTTER Für das Überziehen von Torten werden immer mindestens zwei davon benötigt. Kuchenglätter sind flache Rechtecke aus glattem Kunststoff mit Griff, die dazu dienen, Marzipan und Zuckerpastenglasur auf der Torte zu glätten.

MODELLIERSTAB Ein langer Plastikstab mit verschieden geformten Enden (z.B. Knochen), verwendet zum Modellieren. Der Knochen dient z.B. zum Formen von Blütenblättern an Blüten aus Zuckerpaste.

PALETTENMESSER Ein langes, flaches Messer mit breiter Klinge ohne scharfe Schneidefläche, verwendet zum Verteilen von Creme und anderen Füllungen. Ein abgestuftes Palettenmesser hat eine abgewinkelte Klinge und ist nützlich für das Anheben großer Kuchen.

PRÄGER FÜR ROSEN UND BLÄTTER In der Regel hergestellt aus Kunststoff, dienen Präger dazu, ein Muster in die Glasur zu drücken. In diesem Buch habe ich Präger für Rosenblüten und Blätter verwendet, um das Design der Hochzeitstorte Englische Rose zu kreieren (s. S. 130-133), die ich hinterher mit der „Brush Embroidery“-Technik übermalt habe.

ROSE, BLÜTENKELCHAUSSTECHER Diese Ausstecher aus Metall oder Plastik werden verwendet, um den Blütenkelch für eine Rose aus Blumenpaste oder Marzipan auszustechen.

ROSENMODEL Ein biegsames Gummimodel zum Formen von Rosen aus Zuckerpaste, indem einfach die Paste in das Model gedrückt wird. Die Zuckerrose wird dann entfernt, indem das Model von innen nach außen gedrückt wird.

SCHAUMPOLSTER Verwendet als nachgebende Oberfläche zum Abflachen der Ränder von Blumenpaste mit einem Knochen-Modellierstab (s. o.).

SEITENSCHABER Vorzugsweise aus Edelstahl, ist ein Seitenschaber ein flaches Stück aus Metall mit gerader Seite, das verwendet wird, um beim Füllen überschüssige Creme von den Seiten der Torte zu schaben, sodass Kuchen oder Torte makellos gerade Seiten bekommen.

SPRITZTÜLLEN aus Edelstahl werden zum Spritzen von Blüten und Blättern aus Royal Icing verwendet. Sie sind in verschiedenen Formen und Größen erhältlich. Ich bevorzuge die Marken Wilton und PME.

TORTENDÜBEL, PLASTIK Lange, starre Plastikstäbe, die auf die erforderliche Größe zurechtgeschnitten werden können und in großen Schichttorten die oberen Schichten stützen.

VEINER/PRÄGEMATTE Eine Gummimatte, mit deren Hilfe Blätter aus Blumenpaste oder Marzipan geformt oder geädert werden.

Bezugsquellen

UK

Für allgemeine Tortendekorationswerkzeuge und Arbeitsmaterialien:

Jane Asher Party Cakes
24 Cale Street
London SW3 3QU
www.jane-asher.co.uk

Squires Kitchen
Squires House
3 Waverley Lane
Farnham, Surrey
GU9 8BB
www.squires-group.co.uk

The Sugar Shack
Unit D1
Phoenix Industrial Estate
Rosslyn Crescent
Harrow, Middlesex
HA1 2SP
www.sugarshack.co.uk

Für allgemeine Tortendekorationswerkzeuge, Arbeitsmittel und Glanzpuder:

Almond Art
Unit 15 & 16
Faraday Close
Gorse Lane Industrial Estate
Clacton-on-Sea, Essex
CO15 4TR
www.almondart.com

Für gefederte Schmetterlinge (s. der romantische Rosenkegel auf den Seiten 136-139) & Bänder:

V V Rouleaux
54 Sloane Square
London SW1W 8AX
www.vvrouleaux.com

DEUTSCHLAND

Für allgemeine Tortendekorationswerkzeuge und Arbeitsmittel:

Kopyform GmbH
Rufdolf-Diesel-Straße 1
67259 Beindersheim
www.kopyform.de

Robert Oppeneder
St.-Martin-Straße 38
81541 München
www.sweetart.de

BENELUX

Für allgemeine Tortendekorationswerkzeuge und Arbeitsmittel:

Ranson NV
Gen. Deprezstraat 16
Harelbeke
Belgium

USA

Für allgemeine Tortendekorationswerkzeuge und Arbeitsmittel:

Sugarcraft, Inc.
2715 Dixie Hwy.
Hamilton, Ohio 45015
www.sugarcraft.com

Für Keksausstecher:

Kitchen Collectables, Inc.
8901 J Street
Suite 2
Omaha
Nebraska 68127
www.kitchengifts.com

CopperGifts.com
900 N. 32nd St.
Parsons
KS 67357
www.coppergifts.com

Danksagung

Obwohl ich das Glück hatte, von Anfang an Torten für zahlreiche, hochgestellte Persönlichkeiten herstellen zu dürfen, habe ich mich selbst in meiner Rolle als Tortendekorateurin eher am Anfang gesehen. Ein Buch zu schreiben stand sehr weit unten auf meiner Liste und niemals hätte ich gedacht, dass dieser Traum sobald wahr werden würde. Vor allem möchte ich Katrin Cargill danken, die den Ball ins Rollen gebracht hat. Sie fand mich eines schönen Tages auf einem Weihnachtsmarkt in Chelsea und stellte mich Jane O'Shea und Helen Lewis vom Quadrille Verlag vor. Jane und Helen, ich möchte Euch beiden danken, dass Ihr mir diese wunderbare Gelegenheit gegeben habt, mein Buch in einer solch angenehmen und inspirierenden Arbeitsatmosphäre herzustellen. Mir wurde ein fantastisches Team zur Erschaffung dieses Buchs zur Seite gestellt. Ich danke meiner Fotografin, der wunderbaren Georgia Glynn Smith dafür, dass sie meine Torten in diesen herrlichen Bildern wiedergegeben hat. Ich denke, besser hätten sie nicht dargestellt werden können. Danke, Chalkley Calderwood Pratt, für das Design dieses Buchs, ich liebe deinen fabelhaften Stil. Das Verfassen dieses Buchs hat sich als wesentlich schwieriger für mich erwiesen als die Herstellung von Torten und Keksen. An dieser Stelle möchte ich daher meinem Lektor Lewis Esson danken, der mir zahlreiche wertvolle Hinweise gab und diesem Buch Charme und Flair verlieh.

Last but not least, gilt mein größter Dank meinem wunderbaren Partner, Bryn, der während des gesamten Projekts mein Fels in der Brandung war. Ohne Deine Hingabe wäre nichts von all diesem möglich gewesen.

Register